Regime Geral das Infrações Tributárias

Regime Geral das Infrações Tributárias

ATUALIZADO COM AS LEIS N.ºs 7/2021, DE 26 DE FEVEREIRO E 13/2023, DE 3 DE ABRIL

2023 · 2.ª Edição

João Ricardo Catarino
Nuno Victorino

ALMEDINA

REGIME GERAL DAS INFRAÇÕES TRIBUTÁRIAS
ATUALIZADO COM AS LEIS N.ºS 7/2021, DE 26 DE FEVEREIRO
E 13/2023, DE 3 DE ABRIL

AUTOR
João Ricardo Catarino
Nuno Victorino

EDITOR
EDIÇÕES ALMEDINA, S.A.
Avenida Emídio Navarro, 81, 3D
3000-151 Coimbra
Tel.: 239 851 904 · Fax: 239 851 901
www.almedina.net · editora@almedina.net

DESIGN DE CAPA
FBA.

PRÉ-IMPRESSÃO
EDIÇÕES ALMEDINA, S.A.

IMPRESSÃO E ACABAMENTO

Abril, 2023

ISBN
ISBN: 978-989-40-1144-6

DEPÓSITO LEGAL

ALMEDINA | GRUPOALMEDINA

LISTA DAS ALTERAÇÕES AO RGIT

- ***Lei n.º 13/2023, de 3 de abril;***
- ***Lei n.º 7/2021, de 26 de fevereiro;***
- ***Lei n.º 119/2019, de 18 de setembro;***
- ***Lei n.º 98/2019, de 4 de setembro;***
- ***Lei n.º 17/2019, de 14 de fevereiro;***
- ***Lei n.º 71/2018, de 31 de dezembro;***
- ***Lei n.º 114/2017, de 29 de dezembro;***
- ***Lei n.º 92/2017, de 22 de agosto;***
- ***Decreto-Lei n.º 93/2017, de 1 de agosto;***
- ***Lei n.º 42/2016, de 28 de dezembro;***
- ***Decreto-lei n.º 64/2016, de 11 de outubro;***
- ***Lei n.º 24/2016, de 22 de agosto;***
- ***Lei n.º 7-A/2016, de 30 de março;***
- ***Lei n.º 82-B/2014, de 31 de dezembro;***
- ***Lei n.º 75-A/2014, de 31 de setembro*** *(revoga o n.º 7 do art.º 8.º);*
- ***Lei n.º 83-C/2013, de 31 de dezembro;***
- ***Decreto-Lei n.º 6/2013, de 17 de janeiro;***
- ***Lei n.º 66-B/2012, de 31 de dezembro;***
- ***Lei n.º 20/2012, de 14 de maio;***
- ***Lei n.º 64-B/2011, de 30 de dezembro;***
- ***Lei n.º 55-A/2010, de 31 de dezembro;***
- ***Decreto-Lei n.º 73/2010, de 21 de junho*** *(revoga as alíneas g), i) e j) do n.º 2 do art.º 109.º);*
- ***Lei n.º 3-B/2010, de 28 de abril;***
- ***Lei n.º 64-A/2008, de 31 de dezembro;***
- ***Lei n.º 67-A/2007, de 31 de dezembro*** *(revoga a alínea e) do art.º 59.º);*

- ***Decreto-Lei n.º 307-A/2007, de 31 de agosto;***
- ***Lei n.º 22-A/2007, de 29 de junho;***
- ***Lei n.º 53-A/2006, de 29 de dezembro;***
- ***Lei n.º 60-A/2005, de 30 de dezembro;***
- ***Lei n.º 39-A/2005, de 29 de julho;***
- ***Lei n.º 55-B/2004, de 30 de dezembro*** *(revoga a alínea d) do n.º 1 do art.º 30.º);*
- ***Lei n.º 107-B/2003, de 31 de dezembro;***
- ***Lei n.º 32-B/2002, de 30 de dezembro;***
- ***Decreto-lei n.º 229/2002, de 31 de outubro;***
- ***Lei nº 109-B/2001, de 27 de dezembro;***

LISTA DE ABREVIATURAS

Ac.	Acórdão
Acs.	Acórdãos
Art.º	Artigo
AT	Autoridade Tributária e Aduaneira
BMJ	Boletim do Ministério da Justiça
CAC	Código Aduaneiro Comunitário (aprovado pelo Regulamento CEE n.º 2913/92 do Conselho de 12 de outubro)
CC	Código Civil
CAM	Código Aduaneiro Modernizado (aprovado pelo Regulamento (CE) n.º 450/2008, do Parlamento Europeu e do Conselho, de 23 de Abril de 2008).
CAU	Código Aduaneiro da União (aprovado pelo Regulamento (UE) n.º 952/2013 do Parlamento Europeu e do Conselho, de 9 de outubro de 2013)
CC	Código Civil
CIEC	Código dos Impostos Especiais de Consumo
CIRC	Código do Imposto sobre o Rendimento das pessoas Coletivas
CIRS	Código do Imposto sobre o Rendimento das pessoas Singulares
CI Selo	Código do Imposto do Selo
CISV	Código do Imposto sobre Veículos
CIVA	Código do Imposto sobre o Valor Acrescentado
CP	Código Penal
CPC	Código do Processo Civil
CPA	Código do Procedimento Administrativo
CPP	Código do Processo Penal
CPPT	Código do Procedimento e do Processo Tributário
CRP	Constituição da República Portuguesa
CSC	Código das Sociedades Comerciais
CTF	Ciência e Técnica Fiscal

CVM Código de Valores Mobiliários
DACAC Disposições de Aplicação do Código Aduaneiro Comunitário (aprovadas pelo Regulamento CEE n.º 2454/93 da Comissão de 2 de julho)
DAU Documento Administrativo Único
Dec. Reg. Decreto Regulamentar
DGAIEC Direção Geral das Alfândegas e dos Impostos Especiais sobre o Consumo
DGCI Direção Geral dos Impostos
DL Decreto-lei
EBF Estatuto dos Benefícios Fiscais
ETAF Estatuto dos Tribunais Administrativos e Fiscais
ISV Imposto sobre Veículos
JO C Jornal Oficial da União Europeia Série C
JO L Jornal Oficial da União Europeia da Série L
IEC Imposto(s) Especial(ais) sobre o Consumo
ISV Imposto sobre Veículos
IVA Imposto sobre o Valor Acrescentado
JO C Jornal Oficial das Comunidades da Série C
JO L Jornal Oficial das Comunidades da Série L
JOUE L Jornal Oficial das União da Série L
L Lei
LGT Lei Geral Tributária
LOE Lei do Orçamento do Estado
LQCO Lei Quadro das contraordenações, aprovada pelo DL n.º 433/82, de 27 de outubro
NC Nomenclatura Combinada
pp. páginas
PT-CAU Decisão de execução (UE) 2016/578 da Comissão, de 11 de abril de 2016
RA Reforma Aduaneira, aprovada pelo DL n.º 46311, de 27 de abril de 1965
RBC Regime de Bens em Circulação, aprovado pelo DL. n.º 147/2003 de 11 de julho
RC Relação de Coimbra
RCPITA Regime Complementar do Procedimento de Inspeção Tributária e Aduaneira, aprovado pelo DL. n.º 413/98 de 31 de dezembro
RE Relação de Évora

ReA Regulamento das Alfândegas aprovado pelo DL n.º 31730, de 15 de dezembro de 1941

RD-CAU Regulamento delegado (UE) 2015/2446 da Comissão, de 28 de julho de 2015

RDMT-CAU Regulamento Delegado (UE) 2016/341 da Comissão, de 17 de dezembro de 2015

RE-CAU Regulamento de execução (UE) 2015/2447 da Comissão, de 24 de novembro de 2015

Reg. Regulamento

RGIT Regime Geral das Infrações Tributárias

RITI Regime do IVA nas Transações Intracomunitárias, aprovado pelo DL n.º 290/92 de 28 de dezembro.

RJIFA Regime Jurídico das Infrações Fiscais Aduaneiras, aprovado pelo DL. n.º 376-A/89 de 25 de outubro

RJIFNA Regime Jurídico das Infrações Fiscais Não Aduaneiras, aprovado pelo DL. n.º 20-A/90 de 15 de janeiro

RL Relação de Lisboa

RLJ Revista de Legislação e Jurisprudência

RP Relação do Porto

TAU Território Aduaneiro da União

TC Tribunal Constitucional

TCA Tribunal Central Administrativo

TCAN Tribunal Central Administrativo do Norte

TCAS Tribunal Central Administrativo do Sul

TJCE Tribunal de Justiça das Comunidades Europeias

TJUE Tribunal de Justiça da União.

TRC Tribunal da Relação de Coimbra

TRE Tribunal da Relação de Évora

TRG Tribunal da Relação de Guimarães

TRL Tribunal da Relação de Lisboa

TRP Tribunal da Relação do Porto

TT Tribunal Tributário

SNC Sistema de Normalização Contabilística, aprovado pelo DL n.º 158//2009, de 13-7

STA Supremo Tribunal Administrativo

STJ Supremo Tribunal de Justiça

UE União Europeia.

Regime Geral das Infracções Tributárias

(Aprovado pela Lei n.º 15/2001, de 5 de Junho)

PARTE I – Princípios gerais

CAPÍTULO I – Disposições comuns

Artigo 1.º – Âmbito de aplicação

1 – O Regime Geral das Infracções Tributárias aplica-se às infracções das normas reguladoras:

a) Das prestações tributárias;

b) Dos regimes tributários, aduaneiros e fiscais, independentemente de regulamentarem ou não prestações tributárias;

c) Dos benefícios fiscais e franquias aduaneiras;

d) Das contribuições e prestações relativas ao sistema de solidariedade e segurança social, sem prejuízo do regime das contra-ordenações que consta de legislação especial.

2 – As disposições desta lei são aplicáveis aos factos de natureza tributária puníveis por legislação de carácter especial, salvo disposição em contrário.

Artigo 2.º – Conceito e espécies de infracções tributárias

1 – Constitui infracção tributária todo o facto típico, ilícito e culposo declarado punível por lei tributária anterior.

2 – As infracções tributárias dividem-se em crimes e contra-ordenações.

3 – Se o mesmo facto constituir simultaneamente crime e contra-ordenação, o agente será punido a título de crime, sem prejuízo da aplicação das sanções acessórias previstas para a contra-ordenação.

Artigo 3.º – Direito subsidiário

São aplicáveis subsidiariamente:

a) Quanto aos crimes e seu processamento, as disposições do Código Penal, do Código de Processo Penal e respectiva legislação complementar;

b) Quanto às contra-ordenações e respectivo processamento, o regime geral do ilícito de mera ordenação social;

c) Quanto à responsabilidade civil, as disposições do Código Civil e legislação complementar;

d) Quanto à execução das coimas, as disposições do Código de Procedimento e de Processo Tributário.

Artigo 4.º – Aplicação no espaço

Salvo tratado ou convenção internacional em contrário, o presente Regime Geral é aplicável, seja qual for a nacionalidade do agente, a factos praticados:

a) Em território português;

b) A bordo de navios ou aeronaves portugueses.

Artigo 5.º – Lugar e momento da prática da infracção tributária

1 – As infracções tributárias consideram-se praticadas no momento e no lugar em que, total ou parcialmente, e sob qualquer forma de comparticipação, o agente actuou, ou, no caso de omissão, devia ter actuado, ou naqueles em que o resultado típico se tiver produzido, sem prejuízo do disposto no n.º 3.

2 – As infracções tributárias omissivas consideram-se praticadas na data em que termine o prazo para o cumprimento dos respectivos deveres tributários.

3 – Em caso de deveres tributários que possam ser cumpridos em qualquer serviço da administração tributária ou junto de outros organismos, a respectiva infracção considera-se praticada no serviço ou organismo do domicílio ou sede do agente.

Artigo 6.º – Actuação em nome de outrem

1 – Quem agir voluntariamente como titular de um órgão, membro ou representante de uma pessoa colectiva, sociedade, ainda que irregular-

mente constituída, ou de mera associação de facto, ou ainda em representação legal ou voluntária de outrem, será punido mesmo quando o tipo legal de crime exija:

a) Determinados elementos pessoais e estes só se verifiquem na pessoa do representado;

b) Que o agente pratique o facto no seu próprio interesse e o representante actue no interesse do representado.

2 – O disposto no número anterior vale ainda que seja ineficaz o acto jurídico fonte dos respectivos poderes.

Artigo 7.º – Responsabilidade das pessoas colectivas e equiparadas

1 – As pessoas colectivas, sociedades, ainda que irregularmente constituídas, e outras entidades fiscalmente equiparadas são responsáveis pelas infracções previstas na presente lei quando cometidas pelos seus órgãos ou representantes, em seu nome e no interesse colectivo.

2 – A responsabilidade das pessoas colectivas, sociedades, ainda que irregularmente constituídas, e outras entidades fiscalmente equiparadas é excluída quando o agente tiver actuado contra ordens ou instruções expressas de quem de direito.

3 – A responsabilidade criminal das entidades referidas no n.º 1 não exclui a responsabilidade individual dos respectivos agentes.

4 – A responsabilidade contra-ordenacional das entidades referidas no n.º 1 exclui a responsabilidade individual dos respectivos agentes.

5 – Se a multa ou coima for aplicada a uma entidade sem personalidade jurídica, responde por ela o património comum e, na sua falta ou insuficiência, solidariamente, o património de cada um dos associados.

Artigo 8.º – Responsabilidade civil pelas multas e coimas

1 – Os administradores, gerentes e outras pessoas que exerçam, ainda que somente de facto, funções de administração em pessoas colectivas, sociedades, ainda que irregularmente constituídas, e outras entidades fiscalmente equiparadas são subsidiariamente responsáveis:

a) Pelas multas ou coimas aplicadas a infracções por factos praticados no período do exercício do seu cargo ou por factos anteriores quando tiver sido por culpa sua que o património da sociedade ou pessoa colectiva se tornou insuficiente para o seu pagamento;

b) Pelas multas ou coimas devidas por factos anteriores quando a decisão definitiva que as aplicar for notificada durante o período do exercício do seu cargo e lhes seja imputável a falta de pagamento.

2 – A responsabilidade subsidiária prevista no número anterior é solidária se forem várias as pessoas a praticar os actos ou omissões culposos de que resulte a insuficiência do património das entidades em causa.

3 – As pessoas referidas no n.º 1, bem como os contabilistas certificados, são ainda subsidiariamente responsáveis, e solidariamente entre si, pelas coimas devidas pela falta ou atraso de quaisquer declarações que devam ser apresentadas no período de exercício de funções, quando não comuniquem, por via eletrónica, através do Portal das Finanças, até 30 dias após o termo do prazo de entrega da declaração, à Autoridade Tributária e Aduaneira as razões que impediram o cumprimento atempado da obrigação e o atraso ou a falta de entrega não lhes seja imputável a qualquer título.

4 – As pessoas a quem se achem subordinados aqueles que, por conta delas, cometerem infracções fiscais são solidariamente responsáveis pelo pagamento das multas ou coimas àqueles aplicadas, salvo se tiverem tomado as providências necessárias para os fazer observar a lei.

5 – O disposto no número anterior aplica-se aos pais e representantes legais dos menores ou incapazes, quanto às infracções por estes cometidas.

6 – O disposto no n.º 4 aplica-se às pessoas singulares, às pessoas colectivas, às sociedades, ainda que irregularmente constituídas, e a outras entidades fiscalmente equiparadas.

7 – (Revogado).

8 – Sendo várias as pessoas responsáveis nos termos dos números anteriores, é solidária a sua responsabilidade.

NOTAS:

1. Os n.os 4, 5, 6, 7 e 8 deste preceito, foram alterados pela L n.º 60-A/2005, de 30-12, essencialmente para abranger na previsão do n.º 1 os técnicos oficiais de contas (agora contabilistas certificados), que passaram a ser subsidiariamente responsáveis, e solidariamente entre si, pelas coimas devidas pela falta ou atraso de quaisquer declarações que devam ser apresentadas no período de exercício de funções, quando não comuniquem, *por via eletrónica, através do Portal das Finanças* (esta forma de comunicação tornou-se obrigatória após a alteração introduzida no preceito pela Lei n.º 114/2017 de 29 de dezembro – LOE 2018), até 30 dias após o termo do prazo de entrega da declaração, à AT as razões que impediram o cumprimento atempado

da obrigação e o atraso ou a falta de entrega não lhes seja imputável a qualquer título (novo n.º 3 do preceito).

2. O n.º 3 tem a redação da Lei n.º 114/2017, de 29 de dezembro.

3. O n.º 7 foi revogado pela Lei n.º 75-A/2014, de 30 de setembro.

Artigo 9.º – Subsistência da prestação tributária

O cumprimento da sanção aplicada não exonera do pagamento da prestação tributária devida e acréscimos legais.

Artigo 10.º – Especialidade das normas tributárias e concurso de infracções

Aos responsáveis pelas infracções previstas nesta lei são somente aplicáveis as sanções cominadas nas respectivas normas, desde que não tenham sido efectivamente cometidas infracções de outra natureza.

Artigo 11.º – Definições

Para efeitos do disposto nesta lei consideram-se:

a) Prestação tributária: os impostos, incluindo os direitos aduaneiros e direitos niveladores agrícolas, as taxas e demais tributos fiscais ou parafiscais cuja cobrança caiba à administração tributária ou à administração da segurança social;

b) Serviço tributário: serviço da administração tributária ou da administração da segurança social com competência territorial para proceder à instauração dos processos tributários;

c) Órgãos da administração tributária: todas as entidades e agentes da administração a quem caiba levar a cabo quaisquer actos relativos à prestação tributária, tal como definida na alínea a);

d) Valor elevado e valor consideravelmente elevado: os definidos nas alíneas a) e b) do artigo 202.º do Código Penal;

e) Mercadorias em circulação: as mercadorias desde a entrada no País ou saída do local de produção até entrarem na posse do consumidor final, não se considerando na posse deste as existentes em explorações agrícolas, estabelecimentos comerciais ou industriais ou suas dependências, quando se destinem ao comércio;

f) Meios de transporte em circulação: os meios de transporte, terrestres, fluviais, marítimos e aéreos, sempre que não se encontrem, respectivamente, estacionados em garagens exclusivamente privadas, ancorados, atracados ou fundeados nos locais para o efeito designados pelas autoridades competentes e estacionados nos hangares dos aeroportos internacionais ou nacionais, quando devidamente autorizados.

CAPÍTULO II – Disposições aplicáveis aos crimes tributários

Artigo 12.º – Penas aplicáveis aos crimes tributários

1 – As penas principais aplicáveis aos crimes tributários cometidos por pessoas singulares são a prisão até oito anos ou a multa de 10 até 600 dias.

2 – Aos crimes tributários cometidos por pessoas colectivas, sociedades, ainda que irregularmente constituídas, e outras entidades fiscalmente equiparadas é aplicável a pena de multa de 20 até 1920 dias.

3 – Sem prejuízo dos limites estabelecidos no número anterior e salvo disposição em contrário, os limites mínimo e máximo das penas de multa previstas nos diferentes tipos legais de crimes são elevados para o dobro sempre que sejam aplicadas a uma pessoa colectiva, sociedade, ainda que irregularmente constituída, ou outra entidade fiscalmente equiparada.

Artigo 13.º – Determinação da medida da pena

Na determinação da medida da pena atende-se, sempre que possível, ao prejuízo causado pelo crime.

Artigo 14.º – Suspensão da execução da pena de prisão

1 – A suspensão da execução da pena de prisão aplicada é sempre condicionada ao pagamento, em prazo a fixar até ao limite de cinco anos subsequentes à condenação, da prestação tributária e acréscimos legais, do montante dos benefícios indevidamente obtidos e, caso o juiz o entenda, ao pagamento de quantia até ao limite máximo estabelecido para a pena de multa.

2 – Na falta do pagamento das quantias referidas no número anterior, o tribunal pode:

a) Exigir garantias de cumprimento;

b) Prorrogar o período de suspensão até metade do prazo inicialmente fixado, mas sem exceder o prazo máximo de suspensão admissível;

c) Revogar a suspensão da pena de prisão.

Artigo 15.º – Pena de multa

1 – Cada dia de multa corresponde a uma quantia entre € 1 e € 500, tratando-se de pessoas singulares, e entre € 5 e € 5000, tratando-se de pessoas colectivas ou entidades equiparadas, que o tribunal fixa em função da situação económica e financeira do condenado e dos seus encargos.

2 – Sobre a pena de multa não incidem quaisquer adicionais.

Artigo 16.º – Penas acessórias aplicáveis aos crimes tributários

São aplicáveis, cumulativamente, aos agentes dos crimes tributários as seguintes penas acessórias:

a) Interdição temporária do exercício de certas actividades ou profissões;

b) Privação do direito a receber subsídios ou subvenções concedidos por entidades ou serviços públicos;

c) Perda de benefícios fiscais concedidos, ainda que de forma automática, franquias aduaneiras e benefícios concedidos pela administração da segurança social ou inibição de os obter;

d) Privação temporária do direito de participar em feiras, mercados, leilões ou arrematações e concursos de obras públicas, de fornecimento de bens ou serviços e de concessão, promovidos por entidades ou serviços públicos ou por instituições particulares de solidariedade social comparticipadas pelo orçamento da segurança social;

e) Encerramento de estabelecimento ou de depósito;

f) Cassação de licenças ou concessões e suspensão de autorizações;

g) Publicação da sentença condenatória a expensas do agente da infracção;

h) Dissolução da pessoa colectiva;

i) Perda de mercadorias, meios de transporte e outros instrumentos do crime.

NOTA:

A alínea c) tem a redação do Decreto-lei n.º 229/2002, de 31 de outubro.

Artigo 17.º – Pressupostos de aplicação das penas acessórias

1 – As penas a que se refere o artigo anterior são aplicáveis quando se verifiquem os pressupostos previstos no Código Penal, observando-se ainda o disposto nas alíneas seguintes:

a) A interdição temporária do exercício de certas actividades ou profissões poderá ser ordenada quando a infracção tiver sido cometida com flagrante abuso da profissão ou no exercício de uma actividade que dependa de um título público ou de uma autorização ou homologação da autoridade pública;

b) A condenação nas penas a que se referem as alíneas b) e c) deverá especificar os benefícios e subvenções afectados, só podendo, em qualquer caso, recair sobre atribuições patrimoniais concedidas ao condenado e directamente relacionadas com os deveres cuja violação foi criminalmente punida ou sobre incentivos fiscais que não sejam inerentes ao regime jurídico aplicável à coisa ou direito beneficiados;

c) O tribunal pode limitar a proibição estabelecida na alínea d) a determinadas feiras, mercados, leilões e arrematações ou a certas áreas territoriais;

d) Não obsta à aplicação da pena prevista na alínea e) a transmissão do estabelecimento ou depósito ou a cedência de direitos de qualquer natureza relacionados com a exploração daqueles, efectuada após a instauração do processo ou antes desta mas depois do cometimento do crime, salvo se, neste último caso, o adquirente tiver agido de boa fé;

e) O tribunal pode decretar a cassação de licenças ou concessões e suspender autorizações, nomeadamente as respeitantes à aprovação e outorga de regimes aduaneiros económicos ou suspensivos de que sejam titulares os condenados, desde que o crime tenha sido cometido no uso dessas licenças, concessões ou autorizações;

f) A publicação da sentença condenatória é efectuada mediante inserção em dois jornais periódicos, dentro dos 30 dias posteriores ao trânsito em julgado, de extracto organizado pelo tribunal, contendo a identificação do condenado, a natureza do crime, as circunstâncias fundamentais em que foi cometido e as sanções aplicadas;

g) A pena de dissolução de pessoa colectiva só é aplicável se esta tiver sido exclusiva ou predominantemente constituída para a prática de crimes tributários ou quando a prática reiterada de tais crimes mostre que a pessoa colectiva está a ser utilizada para esse efeito, quer pelos seus membros, quer por quem exerça a respectiva administração.

2 – As penas previstas nas alíneas a), b), d), e) e f) e a inibição de obtenção de benefícios fiscais, franquias aduaneiras e benefícios concedidos pela administração da segurança social, prevista na alínea c), todas do artigo anterior, não podem ter duração superior a três anos, contados do trânsito em julgado da decisão condenatória.

NOTA:

O n.º 2 tem a redação do Decreto-lei n.º 229/2002, de 31 de outubro

Artigo 18.º – Perda de mercadorias objecto do crime

1 – As mercadorias que forem objecto dos crimes previstos nos artigos 92.º, 93.º, 94.º, 95.º e 96.º desta lei serão declaradas perdidas a favor da Fazenda Nacional, salvo se pertencerem a pessoa a quem não possa ser atribuída responsabilidade na prática do crime.

2 – No caso previsto na parte final do número anterior, o agente será condenado a pagar à Fazenda Nacional uma importância igual ao valor das mercadorias, sendo o seu proprietário responsável pelo pagamento dos direitos e demais imposições que forem devidos.

3 – Quando as mercadorias pertencerem a pessoa desconhecida não deixarão de ser declaradas perdidas.

4 – Se as mercadorias não tiverem sido apreendidas, o agente responderá pelo quantitativo equivalente ao seu valor de mercado, salvo quando o mesmo não se possa determinar, caso em que o agente pagará uma importância a fixar pelo tribunal entre € 15 e € 15.000.

5 – Sem prejuízo dos casos em que por lei é vedada, os interessados poderão requerer a reversão das mercadorias sujeitas a perda a favor da Fazenda Nacional, desde que, satisfeitas a multa e demais quantias em dívida no processo, paguem uma importância igual ao seu valor.

6 – As mercadorias perdidas a favor da Fazenda Nacional nos termos do presente artigo, quando se trate de equipamentos de telecomunicações e de informática ou outros com interesse para a instituição que procedeu à

sua apreensão, ser-lhe-ão afectos sempre que esta reconheça interesse na afectação.

7 – As mercadorias objecto do crime previsto no artigo 97.º-A são sempre declaradas perdidas a favor da Fazenda Pública.

NOTA:

O n.º 7 foi aditado pela Lei n.º 64-A/2008, de 31-12 e veio estabelecer a pena acessória de perda das mercadorias objeto do crime de contrabando de mercadorias suscetíveis de infligir a pena de morte ou tortura, previsto e punido pelo artigo 97.º-A. Existe, porém, uma distonia importante pois o n.º 7 refere-se a "*Fazenda Pública*" ao passo que todo o restante preceito se refere a "*Fazenda Nacional*". Embora as expressões não coincidam inteiramente na medida em que a primeira se reporta, mais frequentemente, ao papel da representação no Estado e a segunda ao erário que a lei visa proteger ou ao Estado financeiro em si mesmo, não parece poder retirar-se efeitos importantes desta desatenção legislativa.

Artigo 19.º – Perda dos meios de transporte

1 – Os meios de transporte utilizados para a prática dos crimes previstos no n.º 1 do artigo anterior serão declarados perdidos a favor da Fazenda Nacional, excepto se:

a) For provado que foi sem conhecimento e sem negligência dos seus proprietários que tais meios foram utilizados, caso em que o infractor pagará o respectivo valor;

b) O tribunal considerar a perda um efeito desproporcionado face à gravidade da infracção e, nomeadamente, ao valor das mercadorias objecto da mesma, caso em que fixará a perda da quantia que entender razoável.

2 – À perda de meios de transporte é aplicável, com as necessárias adaptações, o disposto nos n.ºs 3 e 5 do artigo anterior.

3 – Os meios de transporte perdidos a favor da Fazenda Nacional nos termos do presente artigo serão afectos à instituição que procedeu à sua apreensão, sempre que esta reconheça o interesse na afectação.

Artigo 20.º – Perda de armas e outros instrumentos

1 – As armas e demais instrumentos utilizados para a prática de quaisquer crimes aduaneiros, ou que estiverem destinadas a servir para esse

efeito, serão declarados perdidos a favor da Fazenda Nacional, salvo se se provar que foi sem conhecimento e sem culpa dos seus proprietários que tais armas e instrumentos foram utilizados, caso em que o infractor pagará o respectivo valor.

2 – É aplicável, com as necessárias adaptações, o disposto no n.º 3 do artigo 18.º e, quanto aos instrumentos que não sejam armas, é-lhes aplicável o disposto no n.º 5 do mesmo artigo.

3 – As armas, munições e outros instrumentos perdidos a favor da Fazenda Nacional, nos termos do presente artigo, serão afectos à Brigada Fiscal sempre que por despacho do comandante-geral da Guarda Nacional Republicana for reconhecido o seu interesse para a actividade policial.

Artigo 21.º – Prescrição, interrupção e suspensão do procedimento criminal

1 – O procedimento criminal por crime tributário extingue-se, por efeito de prescrição, logo que sobre a sua prática sejam decorridos cinco anos.

2 – O disposto no número anterior não prejudica os prazos de prescrição estabelecidos no Código Penal quando o limite máximo da pena de prisão for igual ou superior a cinco anos.

3 – O prazo de prescrição do procedimento criminal é reduzido ao prazo de caducidade do direito à liquidação da prestação tributária quando a infracção depender daquela liquidação.

4 – O prazo de prescrição interrompe-se e suspende-se nos termos estabelecidos no Código Penal, mas a suspensão da prescrição verifica-se também por efeito da suspensão do processo, nos termos previstos no n.º 2 do artigo 42.º e no artigo 47.º

Artigo 22.º – Dispensa e atenuação especial da pena

1 – Se o agente repuser a verdade sobre a situação tributária e o crime for punível com pena de prisão igual ou inferior a 2 anos, a pena pode ser dispensada se:

a) A ilicitude do facto e a culpa do agente não forem muito graves;

b) A prestação tributária e demais acréscimos legais tiverem sido pagos, ou tiverem sido restituídos os benefícios injustificadamente obtidos, até à dedução da acusação;

c) À dispensa da pena se não opuserem razões de prevenção.

2 – A pena será especialmente atenuada se o agente repuser a verdade fiscal e pagar a prestação tributária e demais acréscimos legais até à decisão final ou no prazo nela fixado.

NOTAS:

1. A alínea b) do n.º 1 tem a redação da Lei n.º 64-B/2011, de 30 de dezembro (Lei de Orçamento para 2012). Esta alteração veio a restringir o momento em que a prestação tributária e demais acréscimos legais devem ser pagos, ou restituídos os benefícios injustificadamente obtidos, para efeitos de dispensa da pena, o qual deve acontecer, agora, até à dedução da acusação.

2. O corpo do n.º 1 foi alterado pela Lei n.º 83-C/2013, de 31 de dezembro (LOE 2014), baixando-se os limites de três anos para dois.

CAPÍTULO III – Disposições aplicáveis às contra-ordenações

Artigo 23.º – Classificação das contra-ordenações

1 – As contra-ordenações tributárias qualificam-se como simples ou graves.

2 – São contra-ordenações simples as puníveis com coima cujo limite máximo não exceda € 15 000.

3 – São contra-ordenações graves as puníveis com coima cujo limite máximo seja superior a € 15 000 e aquelas que, independentemente da coima aplicável, a lei expressamente qualifique como tais.

4 – Para efeitos do disposto nos números anteriores, atende-se à coima cominada em abstracto no tipo legal.

NOTA:

Os n.ºs 2 e 3 passaram a ter a redação da Lei n.º 75-A/2014, de 30 de setembro (que procede à segunda alteração à Lei n.º 83-C/2013, de 31 de dezembro [Lei de Orçamento para 2014]). Esta alteração veio subir os limites a partir dos quais se considera que a contraordenação é qualificada como grave. Este aumento está em consonância com os limites incriminativos que separam alguns crimes das contraordenações com que se delimitam.

Artigo 24.º – Punibilidade da negligência

1 – Salvo disposição expressa da lei em contrário, as contra-ordenações tributárias são sempre puníveis a título de negligência.

2 – Se a lei, relativamente ao montante máximo da coima, não distinguir o comportamento doloso do negligente, este só pode ser sancionado até metade daquele montante.

Artigo 25.º – Concurso de contra-ordenações

As sanções aplicadas às contra-ordenações em concurso são sempre objecto de cúmulo material.

NOTA:

Este preceito tem a redação dada pela Lei n.º 55-A/2010, de 31-12, a qual veio repor (depois de grande polémica e discussão no seio da doutrina e Jurisprudência) a regra do cúmulo material. Durante os anos de 2009 e 2010, o cúmulo foi jurídico.

Artigo 26.º – Montante das coimas

1 – Se o contrário não resultar da lei, as coimas aplicáveis às pessoas colectivas, sociedades, ainda que irregularmente constituídas, ou outras entidades fiscalmente equiparadas podem elevar-se até ao valor máximo de:

a) € 165 000, em caso de dolo;

b) € 45 000, em caso de negligência.

2 – Se o contrário não resultar da lei, as coimas aplicáveis às pessoas singulares não podem exceder metade dos limites estabelecidos no número anterior.

3- O montante mínimo da coima a pagar é de € 50, excepto em caso de redução da coima em que é de € 25.

4 -- Sem prejuízo do disposto nos números anteriores, os limites mínimo e máximo das coimas previstas nos diferentes tipos legais de contra-ordenação, são elevados para o dobro sempre que sejam aplicadas a uma pessoa colectiva, sociedade, ainda que irregularmente constituída, ou outra entidade fiscalmente equiparada.

NOTA:

Os n.ºs 1 e 3 passaram a ter a redação da Lei n.º 64-B/2011, de 30 de dezembro (Lei de Orçamento para 2012). Esta alteração veio subir os limites abstratos absolutos das coimas aplicadas neste RGIT. Este aumento está em consonância com a subida dos limites abstratos das coimas operada por esta Lei de Orçamento.

Artigo 27.º – Determinação da medida da coima

1 – Sem prejuízo dos limites máximos fixados no artigo anterior, a coima deverá ser graduada em função da gravidade do facto, da culpa do agente, da sua situação económica e, sempre que possível, exceder o benefício económico que o agente retirou da prática da contra-ordenação.

2 – Se a contra-ordenação consistir na omissão da prática de um acto devido, a coima deverá ser graduada em função do tempo decorrido desde a data em que o facto devia ter sido praticado.

3 – No caso de a mercadoria objecto da contra-ordenação ser de importação ou de exportação proibida ou tabacos, gado, carne e produtos cárneos, álcool ou bebidas alcoólicas, tais circunstâncias são consideradas como agravantes para efeitos da determinação do montante da coima.

4 – Os limites mínimo e máximo da coima aplicável à tentativa, só punível nos casos expressamente previstos na lei, são reduzidos para metade.

Artigo 28.º – Sanções acessórias

1 – São aplicáveis aos agentes das contra-ordenações tributárias graves as seguintes sanções acessórias:

a) Perda de objectos pertencentes ao agente;

b) Privação do direito a receber subsídios ou subvenções concedidos por entidades ou serviços públicos;

c) Perda de benefícios fiscais concedidos, ainda que de forma automática, franquias aduaneiras e benefícios concedidos pela administração da segurança social ou inibição de os obter;

d) Privação temporária do direito de participar em feiras, mercados, leilões ou arrematações e concursos de obras públicas, de fornecimento de bens ou serviços e de concessão, promovidos por entidades ou serviços públicos;

e) Encerramento de estabelecimento ou de depósito;

f) Cassação de licenças ou concessões e suspensão de autorizações;

g) Publicação da decisão condenatória a expensas do agente da infracção.

2 – Sempre que a infração prevista no n.º 6 do artigo 108.º seja cometida a título de dolo e o montante de dinheiro líquido objeto da referida infração seja de valor superior a € 10 000, é decretada, a título de sanção acessória, a perda do montante total que exceda aquele quantitativo.

3 – Os pressupostos da aplicação das sanções acessórias previstas nos números anteriores são os estabelecidos no regime geral do ilícito de mera ordenação social.

4 – A sanção acessória de inibição de obter benefícios fiscais e franquias aduaneiras tem a duração máxima de dois anos e pode recair sobre quaisquer benefícios ou incentivos directa ou indirectamente ligados aos impostos sobre o rendimento, a despesa ou o património e às prestações tributárias a favor da segurança social.

5 – As mercadorias de importação e exportação proibida são sempre declaradas perdidas.

NOTAS:

1. O n.º 1 tem a redação do Decreto-lei n.º 229/2002, de 31 de outubro.

2. Os n.ºs 3, 4 e 5 deste preceito, foram alterados pela Lei n.º 53-A/2006, de 29-12, que veio a acrescentar um n.º 2 consagrando a perda do montante total que exceda os € 150 000, sempre que a infração prevista no n.º 6 do artigo 108.º seja cometida a título de dolo e o montante de dinheiro líquido objeto da referida infração seja de valor superior a € 150 000.

3. O n.º 2 foi alterado pela Lei n.º 42/2016, de 28 de dezembro (LOE 2017).

Artigo 28.º-A – Notificação para regularização

1 – Adquirido o conhecimento da prática de infração, o infrator é notificado para, no prazo de 30 dias, proceder à regularização da situação tributária.

2 – A notificação prevista no número anterior deve, além da interpelação para proceder à regularização da situação tributária, informar sobre a possibilidade de exercício do direito à redução de coima, nos termos do artigo 30.º.

NOTAS:

O preceito foi aditado pelo art.º 7.º da Lei n.º 7/2021, de 26 de fevereiro. Esta alteração, já constava do artigo 59.º n.º 3 alínea n) da LGT, embora se referisse somente ás infrações contraordenacionais detetadas pela AT.

Artigo 29.º – Dispensa das coimas

1 – Não pode ser aplicada coima quando o agente, nos cinco anos anteriores, não tenha:

a) Sido condenado por decisão transitada em julgado, em processo de contraordenação ou de crime por infrações tributárias;

b) Beneficiado de dispensa ou de pagamento de coima com redução nos termos do presente artigo ou do artigo 30.º;

2 – Sem prejuízo do disposto no número anterior, não é igualmente aplicada coima, desde que se verifiquem cumulativamente as seguintes circunstâncias:

a) A prática da infração não ocasione prejuízo efetivo à receita tributária;

b) Estar regularizada a falta cometida.

3 – Para efeitos da alínea a) do número anterior, existe sempre prejuízo efetivo à receita tributária quando estiver em causa falta de entrega da prestação tributária.

4 – A dispensa de coima prevista no n.º 2 deve ser requerida no prazo concedido para a defesa, devendo a falta cometida ser regularizada até ao termo daquele prazo.

NOTA:

O preceito tem a redação do art.º 6.º da Lei n.º 7/2021, de 26 de fevereiro. Anteriormente constava deste preceito o regime da redução da coima que passou a ser agora regulado pelo art.º 30.º

Artigo 30.º – Direito à redução das coimas

1 – As coimas pagas a pedido do agente são reduzidas se o pedido de pagamento for apresentado:

a) Sem que tenha sido levantado auto de notícia, recebida participação ou denúncia ou iniciado procedimento de inspeção tributária, para 12,5 % do montante mínimo legal;

b) Até ao termo do prazo para apresentação de audição prévia no âmbito de procedimento de inspeção tributária, para 50 % do montante mínimo legal;

2 – Para efeitos do número anterior, é considerado sempre montante mínimo da coima o estabelecido para os casos de negligência.

3 – O direito à redução das coimas previsto no n.º 1 depende.

a) No caso previsto na alínea a), do pagamento nos 30 dias posteriores à notificação da coima reduzida pela entidade competente e da regularização da situação tributária do infrator no mesmo prazo;

b) No caso previsto na alínea b), da regularização da situação tributária do infrator dentro do prazo previsto no n.º 4 do artigo 58.º-A do Regime Complementar do Procedimento de Inspeção Tributária e Aduaneira.

4 – Em caso de incumprimento do disposto no número anterior, é de imediato instaurado processo contraordenacional.

5 – Sempre que, nos casos da alínea a) do n.º 1, a regularização da situação tributária do agente não dependa de tributo a liquidar pelos serviços, vale como pedido de redução a entrega da prestação tributária ou do documento ou declaração em falta.

6 – Se, nas circunstâncias do número anterior, o pagamento das coimas com redução não for efetuado ao mesmo tempo que a entrega da prestação tributária ou do documento ou declaração em falta, o contribuinte é notificado para o efetuar nos termos da alínea a) do n.º 3, sob pena de ser levantado auto de notícia e instaurado processo contraordenacional.

NOTA:

O preceito tem a redação do art.º 6.º da Lei n.º 7/2021, de 26 de fevereiro. O preceito correspondia na sua essência aos artigos 29.º e 30.º anteriores.

Artigo 31.º – Coima dependente de prestação tributária em falta ou a liquidar e correcção das coimas pagas

1 – Sempre que a coima variar em função da prestação tributária, é considerado montante mínimo, para efeitos da alínea a) do n.º 1 do artigo 30.º, 10 % ou 20 % da prestação tributária devida, conforme a infração tiver sido praticada, respetivamente, por pessoa singular ou coletiva.

2 – Se o montante da coima depender de prestação tributária a liquidar, a sua aplicação deve aguardar a liquidação, sem prejuízo do benefício da redução, se for paga no prazo de 30 dias posteriores à notificação.

3 – No caso de se verificar a falta das condições estabelecidas para a redução das coimas, a liquidação destas é corrigida, levando-se em conta o montante já pago.

4 – O disposto no número anterior é igualmente aplicável, com as necessárias adaptações, aos casos de regularização voluntária que ocorram no contexto da inspeção tributária quanto tal regularização seja apenas parcial.

NOTA:

O preceito tem a redação do art.º 6.º da Lei n.º 7/2021, de 26 de fevereiro.

Artigo 32.º – Atenuação especial das coimas

1 – A coima pode ser especialmente atenuada a pedido do infrator, no prazo concedido para a defesa, caso este reconheça a sua responsabilidade e, no mesmo prazo, regularize a situação tributária.

2 – Quando houver lugar à atenuação especial da coima, os limites máximo e mínimo da coima são reduzidos para metade, não podendo resultar um valor inferior ao que resultaria da aplicação do artigo 30.º, nem ser inferior a 25 (euro).

3 – Quando a reduzida gravidade da infração e da culpa do agente o justifique, pode a entidade competente limitar-se a proferir uma admoestação.

NOTA:

O preceito tem a redação do art.º 6.º da Lei n.º 7/2021, de 26 de fevereiro. A grande novidade da nova redação do preceito consiste na admissibilidade do mecanismo da admoestação (que até aqui só era possível por via subsidiária).

Artigo 32.º-A – Regularização da situação tributária

1 – Entende-se por regularização da situação tributária o cumprimento das obrigações tributárias que deram origem à infração.

2 – Sem prejuízo do disposto no número anterior, nos casos em que a regularização da situação tributária já não seja possível, devem ser consi-

derados apenas os restantes requisitos previstos para efeitos de redução, dispensa ou atenuação especial de coima.

3 – Nos casos em que a regularização da situação tributária seja apenas parcial, a redução prevista na alínea b) do n.º 1 do artigo 30.º é de 40 %.

NOTA:

O preceito foi aditado pelo art.º 7.º da Lei n.º 7/2021, de 26 de fevereiro. A novidade do preceito resulta do seu n.º 2, admitindo-se aqui a irrelevância da impossibilidade material de regularização da situação tributária, para efeitos de redução, dispensa ou atenuação especial de coima.

Artigo 33.º – Prescrição do procedimento

1 – O procedimento por contra-ordenação extingue-se, por efeito da prescrição, logo que sobre a prática do facto sejam decorridos cinco anos.

2 – O prazo de prescrição do procedimento por contra-ordenação é reduzido ao prazo de caducidade do direito à liquidação da prestação tributária quando a infracção depender daquela liquidação.

3 – O prazo de prescrição interrompe-se e suspende-se nos termos estabelecidos na lei geral, mas a suspensão da prescrição verifica-se também por efeito da suspensão do processo, nos termos previstos no n.º 2 do artigo 42.º, no artigo 47.º e no artigo 74.º, e ainda no caso de pedido de pagamento da coima antes de instaurado o processo de contra-ordenação desde a apresentação do pedido até à notificação para o pagamento.

Artigo 34.º – Prescrição das sanções contra-ordenacionais

As sanções por contra-ordenação tributária prescrevem no prazo de cinco anos a contar da data da sua aplicação, sem prejuízo das causas de interrupção e de suspensão previstas na lei geral.

PARTE II - Do processo

CAPÍTULO I - Processo penal tributário

Artigo 35.º -Aquisição da notícia do crime

1 - A notícia de crime tributário adquire-se por conhecimento próprio do Ministério Público ou dos órgãos da administração tributária com competência delegada para os actos de inquérito, por intermédio dos órgãos de polícia criminal ou dos agentes tributários e mediante denúncia.

2 - A notícia do crime é sempre transmitida ao órgão da administração tributária com competência delegada para o inquérito.

3 - Qualquer autoridade judiciária que no decurso de um processo por crime não tributário tome conhecimento de indícios de crime tributário dá deles conhecimento ao órgão da administração tributária competente.

4 - O agente da administração tributária que adquira notícia de crime tributário transmite-a ao órgão da administração tributária competente.

5 - A denúncia contém, na medida do possível, a indicação dos elementos referidos nas alíneas do n.º 1 do artigo 243.º do Código de Processo Penal.

6 - Os agentes da administração tributária, os órgãos de polícia criminal e da marinha de guerra procedem de acordo com o disposto no artigo 243.º do Código de Processo Penal sempre que presenciarem crime tributário, devendo o auto de notícia ser remetido, no mais curto prazo, ao órgão da administração tributária competente para o inquérito.

7 - O disposto nos números anteriores é correspondentemente aplicável aos órgãos e agentes da administração da segurança social.

Artigo 36.º – Detenção em flagrante delito

Em caso de flagrante delito por crime tributário punível com pena de prisão, as entidades referidas no n.º 6 do artigo anterior procedem à detenção, nos termos do disposto no artigo 255.º do Código de Processo Penal.

Artigo 37.º – Providências cautelares quanto aos meios de prova

Independentemente do disposto no artigo seguinte, qualquer órgão de polícia criminal ou agente da administração tributária pratica, em caso de urgência ou de perigo de demora, os actos cautelares necessários e urgentes para assegurar os meios de prova, nos termos do disposto no artigo 249.º do Código de Processo Penal.

Artigo 38.º – Depósito de mercadorias e instrumentos do crime nas estâncias aduaneiras ou depósitos públicos e venda imediata

1 – As mercadorias, meios de transporte, armas e outros instrumentos do crime apreendidos serão depositados nas estâncias aduaneiras ou depósitos públicos, a não ser que estes não possam recebê-los por falta de espaço.

2 – Mediante despacho da autoridade judiciária competente, os objectos referidos no número anterior, apreendidos pela Brigada Fiscal, podem ser por esta utilizados provisoriamente até à declaração de perda ou de restituição, sempre que seja reconhecido interesse na sua utilização.

3 – Se a apreensão respeitar a coisas perecíveis, perigosas ou deterioráveis, é aplicável, com as necessárias adaptações, o disposto no artigo 185.º do Código de Processo Penal, devendo a decisão ser proferida no prazo de dois dias.

4 – As operações de venda são realizadas pelos órgãos competentes da administração tributária, nos termos das leis aplicáveis, sendo o produto da venda depositado à ordem do processo respectivo.

5 – Se a decisão final não decretar a perda, o produto da venda será entregue ao proprietário dos objectos apreendidos.

Artigo 39.º – Outras formas de depósito

1 – Quando não se torne possível o transporte imediato dos objectos apreendidos para as estâncias aduaneiras ou depósitos públicos, ou aqueles os não puderem receber, serão os mesmos relacionados e descritos em atenção à sua qualidade, quantidade e valor e confiados a depositário idóneo, com excepção das armas ou outros instrumentos da infracção, que ficarão sob a guarda de agentes da autoridade, lavrando-se do depósito o respectivo termo, assinado pelos apreensores, testemunhas, havendo-as, e depositário, ficando este com duplicado.

2 – Não havendo no local da apreensão depositário idóneo, as mercadorias e demais bens apreendidos ficarão sob guarda de agentes da autoridade.

Artigo 40.º – Inquérito

1 – Adquirida a notícia de um crime tributário procede-se a inquérito, sob a direcção do Ministério Público, com as finalidades e nos termos do disposto no Código de Processo Penal.

2 – Aos órgãos da administração tributária e aos da segurança social cabem, durante o inquérito, os poderes e funções que o Código de Processo Penal atribui aos órgãos e às autoridades de polícia criminal, presumindo-se-lhes delegada a prática de atos que o Ministério Público pode atribuir àquelas entidades, independentemente do valor da vantagem patrimonial ilegítima.

3 – No âmbito do inquérito, para efeitos do Código de Processo Penal, são consideradas autoridade de polícia criminal:

a) Na Autoridade Tributária e Aduaneira, o diretor-geral, o subdiretor-geral para a área da Inspeção Tributária e Aduaneira, os dirigentes dos serviços a quem as competências de investigação criminal estejam cometidas e os diretores de finanças, sem prejuízo da sua organização hierárquica;

b) Os presidentes das pessoas coletivas de direito público da segurança social a quem estejam cometidas as atribuições nas áreas dos contribuintes e dos beneficiários;

c) Na Guarda Nacional Republicana, todos os oficiais no exercício de funções de comando nas unidades com competências tributárias, bem como os comandantes das respetivas subunidades ou outros oficiais da Guarda, quando no exercício de funções de comando operacional de âmbito tributário, de acordo com a sua lei orgânica.

4 – A instauração de inquérito pelos órgãos da administração tributária e da administração da segurança social ao abrigo da competência delegada deve ser de imediato comunicada ao Ministério Público.

NOTAS:

1. O n.º 2 tem a redação da Lei n.º 66-B/2012, de 31 de dezembro (Lei de Orçamento para 2013), tendo-se procedido à sua compatibilização com as alíneas c) e d) do n.º 1 do art.º 1.º do CPP.

2. Os n.ºs 3 e 4 do preceito têm a redação do art.º 6.º da Lei n.º 7/2021, de 26 de fevereiro.

Artigo 41.º – Competência delegada para a investigação

1 – Sem prejuízo de a todo o tempo o processo poder ser avocado pelo Ministério Público, a competência para os actos de inquérito a que se refere o n.º 2 do artigo 40.º presume-se delegada:

a) Relativamente aos crimes aduaneiros, nas autoridades de polícia criminal referidas na alínea a) do n.º 3 do artigo anterior, nos processos por crimes que venham a ser indiciados por estas no exercício das suas atribuições e nas unidades com competências tributárias da Guarda Nacional Republicana, nos processos por crimes que esta indicie no exercício das suas atribuições;

b) Relativamente aos crimes fiscais, nas autoridades de polícia criminal referidas na alínea a) do n.º 3 do artigo anterior;

c) Relativamente aos crimes contra a segurança social, nos presidentes das pessoas colectivas de direito público a quem estejam cometidas as atribuições nas áreas dos contribuintes e dos beneficiários.

2 – Os atos de inquérito para cuja prática a competência é delegada nos termos do número anterior são realizados pelos funcionários designados pelas autoridades de polícia criminal competentes, no âmbito da autonomia técnica e tática necessária ao eficaz exercício dessas atribuições.

3 – (Revogado).

4 – Se o mesmo facto constituir crime tributário e crime comum ou quando a investigação do crime tributário assuma especial complexidade, o Ministério Público pode determinar a constituição de equipas também integradas por elementos a designar por outros órgãos de polícia criminal para procederem aos actos de inquérito.

NOTAS:

1. O corpo do n.º 1 foi alterado pelo Decreto-lei n.º 6/2013, de 17 de janeiro.

2. O atual n.º 4 (anterior n.º 3) têm a redação da Lei n.º 66-B/2012, de 31 de dezembro.

3. O preceito em anotação, nos seus n.ºs 1 alíneas a) e b) e 2, têm a redação do art.º 6.º da Lei n.º 7/2021, de 26 de fevereiro, que revogou também o seu n.º 3.

Artigo 42.º – Duração do inquérito e seu encerramento

1 – Os actos de inquérito delegados nos órgãos da administração tributária, da segurança social ou nos órgãos de polícia criminal devem estar

concluídos no prazo máximo de oito meses contados da data em que foi adquirida a notícia do crime.

2 – No caso de ser intentado procedimento ou processo tributário em que se discuta situação tributária de cuja definição dependa a qualificação criminal dos factos, não é encerrado o inquérito enquanto não for praticado ato definitivo ou proferida decisão final sobre a referida situação tributária, suspendendo-se, entretanto, o prazo a que se refere o número anterior.

3 – Concluídas as investigações relativas ao inquérito, o órgão da administração tributária, da segurança social ou de polícia criminal competente emite parecer fundamentado que remete ao Ministério Público juntamente com o auto de inquérito.

4 – Não serão concluídas as investigações enquanto não for apurada a situação tributária ou contributiva da qual dependa a qualificação criminal dos factos, cujo procedimento tem prioridade sobre outros da mesma natureza.

NOTA:

1. O n.º 2 tem a redação dada pela Lei n.º 82-B/2014, de 31 de dezembro. A Lei n.º 83-C/2013, de 31 de dezembro (Lei de Orçamento para 2014), no seu art.º 221.º, determinou a revogação do Decreto-lei n.º 281/91, de 9 de agosto que havia implementado o procedimento de contestação técnica e instituído o Conselho Técnico Aduaneiro. Em substituição deste procedimento gracioso foi criado o procedimento de reclamação graciosa em matéria de classificação pautal origens ou valor aduaneiro das mercadorias (art.º 77.º-A do CPPT) e o recurso hierárquico dos atos que decidam da classificação pautal de mercadorias de importação proibida ou condicionada (art.º 67.º n.º 3 do CPPT). Estes procedimentos graciosos devem ser precedentes em relação ao procedimento judicial (impugnação ou recurso judicial) tendo em conta o disposto nos art.ºs 67.º, 77.º-B e 133.º-A do CPPT (alterados pela LOE 2014). Assim, atendendo à natureza dos mesmos e tendo em conta que o procedimento de contestação técnica, deixou de existir, convirá que em sede do Regime Geral das Infrações Tributárias (RGIT), aprovado pela Lei n.º 15/2001, de 5 de Junho, se acautele o sobrestar destes processos, em relação ao processo penal tributário e ao processo contraordenacional tributário.

Artigo 43.º - Decisão do Ministério Público

1 - Recebido o auto de inquérito e respectivo parecer, o Ministério Público procede nos termos dos artigos 277.º a 283.º do Código de Processo Penal, tendo em conta o disposto no artigo seguinte.

2 - O Ministério Público pratica os actos que considerar necessários à realização das finalidades do inquérito.

Artigo 44.º - Arquivamento em caso de dispensa da pena

1 - Se o processo for por crime relativamente ao qual se encontre expressamente prevista na lei a possibilidade de dispensa da pena, o Ministério Público, ouvida a administração tributária ou da segurança social e com a concordância do juiz de instrução, pode decidir-se pelo arquivamento do processo, se se verificarem os pressupostos daquela dispensa.

2 - Se a acusação tiver sido já deduzida, o juiz de instrução, enquanto esta decorrer, pode, com a concordância do Ministério Público e do arguido, ouvida a administração tributária ou da segurança social, decidir-se pelo arquivamento do processo, se se verificarem os pressupostos da dispensa da pena.

Artigo 45.º - Comunicação do arquivamento e não dedução da acusação

Sendo arquivado o inquérito ou não deduzida a acusação, a decisão é comunicada à administração tributária ou da segurança social para efeitos de procedimento por contra-ordenação, se for caso disso.

Artigo 46.º - Competência por conexão

Para efeitos do presente diploma, as regras relativas à competência por conexão previstas no Código de Processo Penal valem exclusivamente para os processos por crimes tributários da mesma natureza.

Artigo 47.º - Suspensão do processo penal tributário

1 - Se estiver a correr processo de impugnação judicial ou tiver lugar oposição à execução, nos termos do Código de Procedimento e de Processo Tributário, em que se discuta situação tributária de cuja definição dependa

a qualificação criminal dos factos imputados, o processo penal tributário suspende-se até que transitem em julgado as respectivas sentenças.

2 – Se o processo penal tributário for suspenso, nos termos do número anterior, o processo que deu causa à suspensão tem prioridade sobre todos os outros da mesma espécie.

NOTA:

O n.º 1 deste preceito, foi alterado pela Lei n.º 53-A/2006, de 29-12, confirmando aqui o legislador o que desde há muito vinha a constituir Jurisprudência assente em sucessivos arestos dos Tribunais Superiores no que se refere à suspensão do processo penal tributário se estiver a correr processo de impugnação judicial ou tiver lugar oposição à execução, nos termos do Código de Procedimento e de Processo Tributário, em que se discuta situação tributária de cuja definição dependa a qualificação criminal dos factos imputados.

Artigo 48.º – Caso julgado das sentenças de impugnação e de oposição

A sentença proferida em processo de impugnação judicial e a que tenha decidido da oposição de executado, nos termos do Código de Procedimento e de Processo Tributário, uma vez transitadas, constituem caso julgado para o processo penal tributário apenas relativamente às questões nelas decididas e nos precisos termos em que o foram.

NOTA:

A solução constante deste preceito decorre do regime de suspensão previsto no artigo anterior. A circunstância de a decisão final proferida em processo de impugnação judicial constituir caso julgado evidencia bem a importância de tal decisão no processo criminal tributário. Este regime constitui uma garantia e um limite. Por um lado, o processo judicial aguarda o trânsito em julgado da decisão final proferida no processo de impugnação absorvendo os factos e o direito tal como nela se encontram vertidos e, por outro, fica vedado atribuir a tais, valoração diferente.

Artigo 49.º – Responsáveis civis

Os responsáveis civis pelo pagamento de multas, nos termos do artigo 8.º desta lei, intervêm no processo e gozam dos direitos de defesa dos arguidos compatíveis com a defesa dos seus interesses.

Artigo 50.º - Assistência ao Ministério Público e comunicação das decisões

1 - A administração tributária ou da segurança social assiste tecnicamente o Ministério Público em todas as fases do processo, podendo designar para cada processo um agente da administração ou perito tributário, que tem sempre a faculdade de consultar o processo e ser informado sobre a sua tramitação.

2 - Em qualquer fase do processo, as respetivas decisões finais e os factos apurados relevantes para liquidação dos impostos em dívida são sempre comunicados à Autoridade Tributária e Aduaneira ou à segurança social.

NOTA:

O n.º 2 tem a redação da Lei n.º 66-B/2012, de 31 de dezembro (Lei de Orçamento para 2013), tendo-se reforçado a importância da comunicação à AT ou à Segurança Social dos factos apurados no inquérito ora arquivado e que possam ser relevantes para o apuramento dos impostos em dívida.

CAPÍTULO II - Processo de contra-ordenação tributária

SECÇÃO I - Disposições gerais

Artigo 51.º - Âmbito

Ficam sujeitas ao processo de contra-ordenação tributário as infracções tributárias sem natureza criminal, salvo nos casos em que o conhecimento das contra-ordenações caiba aos tribunais comuns, caso em que é correspondentemente aplicável o disposto no capítulo I da parte II desta lei.

Artigo 52.º - Competência das autoridades tributárias

A aplicação das coimas e sanções acessórias, ressalvadas as especialidades previstas na lei, compete às seguintes autoridades tributárias:

a) Tratando-se de contra-ordenação aduaneira ao director-geral das Alfândegas e dos Impostos Especiais sobre o Consumo, aos directores das alfândegas e aos chefes das delegações aduaneiras;

b) Tratando -se de contraordenação fiscal, a aplicação das coimas previstas nos artigos 114.º e 116.º a 126.º, bem como das contraordenações

autónomas, ao dirigente do serviço tributário local da área onde a infração teve lugar e a aplicação das coimas previstas nos artigos 114.º, 118.º, 119.º e 126.º, quando o imposto em falta seja superior a € 25 000, e nos artigos 113.º, 115.º, 127.º, 128.º e 129.º ao diretor de finanças da área onde a infração teve lugar, ou ao diretor da Unidade dos Grandes Contribuintes, relativamente aos contribuintes cujo acompanhamento permanente seja sua atribuição, competindo -lhes, ainda, a aplicação de sanções acessórias.

NOTA:

O corpo do artigo e a alínea b) deste preceito, foram sucessivamente alterados pelas Leis n.os 60-A/2005, de 30-12, 53-A/2006, de 29-12 e 67-A/2007, de 31-12, em função das designações dadas aos serviços nas respetivas leis orgânicas. A alínea b) tem a redação do DL n.º 6/2013 de 17 de janeiro.

Artigo 53.º – Competência do tribunal

As decisões de aplicação de coimas e sanções acessórias podem ser objecto de recurso para o tribunal tributário de 1.ª instância, salvo nos casos em que a contra-ordenação é julgada em 1.ª instância pelo tribunal comum.

Artigo 54.º – Instauração

O processo de contra-ordenação tributária será instaurado quando haja suspeita de prática de contra-ordenação tributária ou de outra natureza para a qual sejam competentes as autoridades tributárias.

Artigo 55.º – Suspensão para liquidação do tributo

1 – Sempre que uma contra-ordenação tributária implique a existência de facto pelo qual seja devido tributo ainda não liquidado, o processo de contra-ordenação será suspenso depois de instaurado ou finda a instrução, quando necessária, e até que ocorra uma das seguintes circunstâncias:

a) Ser o tributo pago no prazo previsto na lei ou no prazo fixado administrativamente;

b) Haver decorrido o referido prazo sem que o tributo tenha sido pago nem reclamada ou impugnada a liquidação;

c) Verificar-se o trânsito em julgado da decisão proferida em processo de impugnação ou o
fim do processo de reclamação.

2 - Dar-se-á prioridade ao processo de impugnação sempre que dele dependa o andamento do de contra-ordenação.

3 - O processo de impugnação será, depois de findo, apensado ao processo de contra-ordenação.

4 - Se durante o processo de contra-ordenação for deduzida oposição de executado em processo de execução fiscal de tributo de cuja existência dependa a graduação da coima, o processo de contra-ordenação tributário suspende-se até que a oposição seja decidida.

Artigo 56.º - Base do processo de contra-ordenação tributária

Podem servir de base ao processo de contra-ordenação:

a) O auto de notícia levantado por funcionário competente;

b) A participação de entidade oficial;

c) A denúncia feita por qualquer pessoa;

d) A declaração do contribuinte ou obrigado tributário a pedir a regularização da situação tributária antes de instaurado o processo de contra-ordenação, caso não seja exercido o direito à redução da coima.

Artigo 57.º - Auto de notícia - Requisitos

1 - A autoridade ou agente de autoridade que verificar pessoalmente os factos constitutivos da contra-ordenação tributária levantará auto de notícia, se para isso for competente, e enviá-lo-á imediatamente à entidade que deva instruir o processo.

2 - O auto de notícia deve conter, sempre que possível:

a) A identificação do autuante e do autuado, com menção do nome, número fiscal de contribuinte, profissão, morada e outros elementos necessários;

b) O lugar onde se praticou a infracção e aquele onde foi verificada;

c) O dia e hora da contra-ordenação e os da sua verificação;

d) A descrição dos factos constitutivos da infracção;

e) A indicação das circunstâncias respeitantes ao infractor e à contra-ordenação que possam influir na determinação da responsabilidade, nomeadamente a sua situação económica e o prejuízo causado ao credor tributário;

f) A menção das disposições legais que prevêem a contra-ordenação e cominam a respectiva sanção;

g) A indicação das testemunhas que possam depor sobre a contra-ordenação;

h) A assinatura do autuado e, na sua falta, a menção dos motivos desta;

i) A assinatura do autuante, que poderá ser efectuada por chancela ou outro meio de reprodução devidamente autorizado, podendo a autenticação ser efectuada por aposição de selo branco ou por qualquer forma idónea de assinatura e do serviço emitente.

Artigo 58.º – Infracção verificada no decurso da acção de inspecção

1 – No caso de a infração ser verificada no decurso de procedimento de inspeção tributária e tiver sido requerida a regularização da situação tributária nos termos da alínea b) do n.º 1 do artigo 30.º, deve fazer-se menção no documento de regularização que o auto de notícia não é elaborado, ficando-se a aguardar o decurso do prazo de regularização previsto no n.º 4 do artigo 58.º-A do Regime Complementar do Procedimento de Inspeção Tributária e Aduaneira.

2 – Após o decurso do prazo a que se refere o número anterior, sem que tenha havido regularização, deve ser instaurado, pelo serviço tributário da área onde tiver sido cometida a infração, um processo de contraordenação que tem por base o auto de notícia levantado na sequência do procedimento de inspeção tributária.

NOTA:

O preceito tem a redação do art.º 6.º da Lei n.º 7/2021, de 26 de fevereiro.

Artigo 59.º – Competência para o levantamento do auto de notícia

Sem prejuízo do disposto em lei especial, são competentes para o levantamento do auto de notícia, em caso de contra-ordenação tributária, além dos órgãos de polícia criminal com competência para fiscalização tributária, as seguintes entidades:

a) Director-geral e subdirectores-gerais da Direcção-Geral dos Impostos e da Direcção-Geral das Alfândegas e dos Impostos Especiais sobre o Consumo;

b) Directores de serviços da Direcção-Geral dos Impostos e da Direcção-Geral das Alfândegas e dos Impostos Especiais sobre o Consumo;

c) Directores de finanças;

d) Directores de finanças-adjuntos;

e) (Revogada);

f) Directores de Alfândega;

g) Chefes das delegações aduaneiras;

h) Coordenadores de postos aduaneiros;

i) Chefes de finanças;

j) Pessoal técnico superior e pessoal técnico da área da inspecção tributária da Direcção-Geral dos Impostos e da Direcção-Geral das Alfândegas e dos Impostos Especiais sobre o Consumo;

l) Outros funcionários da Direcção-Geral dos Impostos e da Direcção-Geral das Alfândegas e dos Impostos Especiais sobre o Consumo que exerçam funções de inspecção, quer atribuídas por lei quer por determinação de superiores hierárquicos mencionados nas alíneas anteriores.

NOTA:

A alínea e) do preceito foi revogada pela Lei n.º67-A/2007, de 31 de dezembro.

Artigo 60.º – Participação e denúncia

1 – Se algum funcionário sem competência para levantar auto de notícia tiver conhecimento, no exercício ou por causa do exercício das suas funções, de qualquer contra-ordenação, participá-la-á, por escrito ou verbalmente, à autoridade competente para o seu processamento.

2 – Qualquer pessoa pode denunciar contra-ordenação tributária junto dos serviços tributários competentes.

3 – A participação e a denúncia verbais só terão seguimento depois de lavrado termo de identificação do participante ou denunciante.

4 – A participação e a denúncia conterão, sempre que possível, os elementos exigidos para o auto de notícia.

5 – O disposto neste artigo é também aplicável quando se trate de funcionário competente para levantar auto de notícia, desde que não tenha verificado pessoalmente a contra-ordenação.

Artigo 61.º – Extinção do procedimento por contra-ordenação

O procedimento por contra-ordenação extingue-se nos seguintes casos:

a) Morte do arguido;

b) Prescrição ou amnistia, se a coima ainda não tiver sido paga;

c) Pagamento voluntário da coima no decurso do processo de contra-ordenação tributária;

d) Acusação recebida em procedimento criminal.

Artigo 62.º – Extinção da coima

A obrigação de pagamento da coima e de cumprimento das sanções acessórias extingue-se com a morte do infractor.

Artigo 63.º – Nulidades no processo de contra-ordenação tributário

1 – Constituem nulidades insupríveis no processo de contra-ordenação tributário:

a) O levantamento do auto de notícia por funcionário sem competência;

b) A falta de assinatura do autuante e de menção de algum elemento essencial da infracção;

c) A falta de notificação do despacho para audição e apresentação de defesa;

d) A falta dos requisitos legais da decisão de aplicação das coimas, incluindo a notificação do arguido.

2 – Não constitui nulidade o facto de o auto ser levantado contra um só agente e se verificar, no decurso do processo, que outra ou outras pessoas participaram na contra-ordenação ou por ela respondem.

3 – As nulidades dos actos referidos no n.º 1 têm por efeito a anulação dos termos subsequentes do processo que deles dependam absolutamente, devendo, porém, aproveitar-se as peças úteis ao apuramento dos factos.

4 – Verificadas as nulidades constantes das alíneas a) e b) do n.º 1, o auto de notícia vale como participação.

5 – As nulidades mencionadas são de conhecimento oficioso e podem ser arguidas até a decisão se tornar definitiva.

Artigo 64.º – Suspensão do processo e caso julgado das sentenças de impugnação e oposição

São aplicáveis ao processo de contra-ordenação, com as necessárias adaptações, o disposto nos artigos 42.º, n.º 2, 47.º e 48.º

Artigo 65.º – Execução da coima

1 – As coimas aplicadas em processo de contra-ordenação tributário são cobradas coercivamente em processo de execução fiscal.

2 – Quando as coimas, sanções pecuniárias e custas processuais não sejam pagas nos prazos legais será extraída certidão de dívida ou certidão da conta ou liquidação feita de harmonia com o decidido, a qual servirá de base à execução fiscal.

3 – Tratando-se de contra-ordenação aduaneira, se nem o arguido nem o responsável civil liquidarem a sua responsabilidade em processo de contra-ordenação dentro do prazo previsto para o efeito, proceder-se-á ao pagamento pela forma e ordem seguintes:

a) Pelas quantias e valores depositados no processo;

b) Pelo produto da arrematação das mercadorias apreendidas, quando estas últimas não devam ser declaradas perdidas;

c) Pelo produto da arrematação das mercadorias e bens que estiverem nas alfândegas ou em qualquer outro local sujeito à acção fiscal, ou de que sejam recebedores ou consignatários.

4 – Se o resultado obtido nos termos do número anterior não atingir a importância das quantias devidas, feita a distribuição da quantia que se tiver executado, será o processo remetido ao órgão da execução fiscal competente, para cobrança coerciva do valor em falta.

Artigo 66.º – Custas

Sem prejuízo da aplicação subsidiária do regime geral do ilícito de mera ordenação social, nomeadamente no que respeita às custas nos processos que corram nos tribunais comuns, as custas em processo de contra-ordenação tributário regem-se pelo Regulamento das Custas dos Processos Tributários.

NOTA:

O Regulamento das Custas dos Processos Tributários foi aprovado pelo Dec. Lei n.º 29/98, de 11-2, que substituiu o regime anterior constante do Dec. Lei n.º 499/71, de 26-10 e revogado pelo DL n.º 324/2003, de 27-12.

SECÇÃO II - Processo de aplicação das coimas

SUBSECÇÃO I - Da fase administrativa

Artigo 67.º - Competência para a instauração e instrução

1 - O processo de contra-ordenação será instaurado no serviço tributário da área onde tiver sido cometida a contra-ordenação:

a) Por contra-ordenação fiscal, no serviço de finanças;

b) Por contra-ordenação aduaneira, na alfândega ou delegação aduaneira.

2 - Serão instruídos pela Brigada Fiscal da Guarda Nacional Republicana os processos de contra-ordenação que resultem de autos de notícia levantados pelos seus agentes.

3 - Os documentos que sirvam de base ao processo de contra-ordenação tributário serão remetidos ao serviço tributário competente pelos autuantes e participantes ou, no caso das denúncias, por quem as tiver recebido.

NOTA:

A alínea *b)* do n.º 1 deste artigo tem a redação dada pela Lei n.º 67-A/2007, de 31-12, que harmonizou as competências da ex-DGAIEC com a nova lei orgânica, A partir de 2012, a lei orgânica da nova Autoridade Tributária e Aduaneira resulta do DL n.º 118/2011, de 15 de dezembro.

Artigo 68.º - Registo e autuação dos documentos

1 - Recebido qualquer dos documentos que sirva de base ao processo de contra-ordenação tributário, o serviço competente procede ao seu registo e autuação.

2 – Do registo constará o número de ordem atribuído ao processo, a data de entrada e o nome do indiciado como infractor.

Artigo 69.º – Investigação e instrução

1 – A investigação e a instrução no processo de contra-ordenação são orientadas pelo dirigente do serviço tributário competente.

2 – O auto de notícia, levantado nos termos dos artigos 57.º a 59.º, dispensa a investigação e instrução do processo de contra-ordenação, sem prejuízo da obtenção de outros elementos indispensáveis para a prova da culpabilidade do arguido ou para demonstrar a sua inocência.

Artigo 70.º – Notificação do arguido

1 – O dirigente do serviço tributário competente notifica o arguido do facto ou factos apurados no processo de contraordenação e da punição em que incorre, comunicando-lhe também que, no prazo de 30 dias, pode apresentar defesa e juntar ao processo os elementos probatórios que entender, bem como utilizar a possibilidade de pagamento antecipado da coima nos termos do artigo 75.º, obter a atenuação especial da coima nos termos do artigo 32.º, solicitar a dispensa da coima nos termos do n.º 2 do artigo 29.º se verificados os respetivos requisitos, ou, até à decisão do processo, utilizar a possibilidade de pagamento voluntário os termos do artigo 78.º

2 – Às notificações no processo de contra-ordenação aplicam-se as disposições correspondentes do Código de Procedimento e de Processo Tributário.

3 – No caso de processo instaurado com base em auto de notícia, a descrição dos factos a que se refere o n.º 1 deste artigo pode ser substituída pela cópia do auto.

NOTA:

O n.º 1 deste artigo foi alterado pela Lei n.º 7/2021, de 26 de fevereiro.

Artigo 71.º – Defesa do arguido

1 – A defesa do arguido pode ser produzida verbalmente no serviço tributário competente.

2 – Após a apresentação da defesa, o dirigente do serviço tributário, caso considere necessário, pode ordenar novas diligências de investigação e instrução.

3 – Durante a investigação e instrução o dirigente do serviço tributário pode solicitar a todas as entidades policiais e administrativas a cooperação necessária.

Artigo 72.º – Meios de prova

1 – O dirigente do serviço tributário juntará sempre ao processo os elementos oficiais de que disponha ou possa solicitar para esclarecimento dos factos, designadamente os respeitantes à situação tributária ou contributiva do arguido.

2 – As testemunhas, no máximo de três por cada infracção, não são ajuramentadas, devendo a acta de inquirição ser por elas assinada ou indicar as razões da falta de assinatura.

3 – As testemunhas e os peritos são obrigados a comparecer no serviço tributário da área da sua residência e a pronunciarem-se sobre a matéria do processo, sendo a falta ou recusa injustificada puníveis com sanção pecuniária a fixar entre um quinto e o dobro do salário mínimo nacional mensal mais elevado em vigor na data da não comparência ou da recusa.

Artigo 73.º – Apreensão de bens

1 – A apreensão de bens que tenham constituído objecto de contra-ordenação pode ser efectuada no momento do levantamento do auto de notícia ou no decurso do processo pela entidade competente para a aplicação da coima, sempre que seja necessária para efeitos de prova ou de garantia da prestação tributária, coima ou custas.

2 – O disposto no número anterior vale também para os meios de transporte utilizados na prática das contra-ordenações previstas nos artigos 108.º e 109.º, quando a mercadoria objecto da infracção consista na parte de maior valor relativamente à restante mercadoria transportada e desde que esse valor líquido de imposto exceda € 3750, salvo se se provar que a utilização foi efectuada sem o conhecimento e sem a negligência dos seus proprietários.

3 – As armas e demais instrumentos utilizados na prática das contra-ordenações referidas no número anterior, ou que estiverem destinados

a servir para esse efeito, serão igualmente apreendidos, salvo se se provar que a utilização foi efectuada sem o conhecimento e sem a negligência dos seus proprietários.

4 – São correspondentemente aplicáveis as disposições do n.º 6 do artigo 18.º, do n.º 3 do artigo 19.º, do n.º 3 do artigo 20.º, dos n.ºs 1 e 2 do artigo 38.º e do artigo 39.º

5 – Tratando-se da apreensão de dinheiro líquido, na acepção da legislação comunitária e nacional sobre movimentos de dinheiro líquido à entrada e à saída do território nacional, os valores são depositados em instituição de crédito devidamente autorizada, à ordem das autoridades competentes.

6 – Quando a apreensão tiver por objecto bens móveis sujeitos a registo, serão igualmente apreendidos os respectivos documentos identificativos.

7 – O interessado pode requerer ao tribunal tributário competente a revogação da decisão que determinou a apreensão de bens com fundamento em ilegalidade.

8 – Autuadas as infracções previstas no presente diploma em matéria de imposto sobre os veículos e de imposto único de circulação, há lugar à apreensão ou imobilização imediata do veículo, bem como à apreensão dos documentos que titulem a respectiva circulação, até ao cumprimento das obrigações tributárias em falta.

NOTAS:

1. Os números 5 e 6 deste preceito, foram inicialmente alterados pela Lei n.º 60-A/2005, de 30-12. Os números 1, 4, 5, 6, e 7 deste artigo foram alterados pela Lei n.º 53-A/2006, de 29-12.

2. O número 8 deste preceito, foi aditado pela Lei n.º 22-A/2007, de 29-6 que vem estabelecer a obrigatoriedade de apreensão e imobilização dos veículos relativamente às infrações decorrentes da fiscalidade automóvel.

Artigo 74.º – Indícios de crime tributário

1 – Se até à decisão se revelarem indícios de crime tributário, é de imediato instaurado o respectivo processo criminal.

2 – Se os indícios de crime tributário respeitarem ao facto objecto do processo de contra-ordenação, suspende-se o procedimento e o respectivo prazo de prescrição até decisão do processo-crime.

Artigo 75.º – Antecipação do pagamento da coima

1 – O arguido que pagar a coima no prazo para a defesa beneficia, por efeito da antecipação do pagamento, da redução da coima para um valor igual ao mínimo legal cominado para a contraordenação e da redução a metade das custas processuais.

2 – O pagamento antecipado da coima não é aplicável às contra-ordenações aduaneiras em que o valor da prestação tributária em falta for superior a € 15 000 ou, não havendo lugar a prestação tributária, a mercadoria objecto de infracção for de valor aduaneiro superior a € 50 000 e, em qualquer caso, não afasta a aplicação das sanções acessórias previstas na lei.

3 – Caso o arguido não proceda, no prazo legal ou no prazo que seja fixado, à regularização da situação tributária, perde o direito à redução previsto no n.º 1 e o processo de contra-ordenação prossegue para fixação da coima e cobrança da diferença.

NOTAS:

1. O n.º 1 tem a redação dada pelo art.º 6.º da Lei n.º 7/2021, de 26 de fevereiro.

2. Os números 2 e 3 deste artigo têm a redação dada pela Lei n.º 53-A/2006, de 29-12. O n.º 2 foi posteriormente objeto de alteração pela Lei n.º 67-A/2007, de 31-12 que veio afastar a possibilidade de pagamento antecipado para certos casos de contraordenações aduaneiras.

Artigo 76.º – Aplicação da coima pelo dirigente do serviço tributário e outras entidades

1 – Finda a produção de prova, o dirigente do serviço tributário aplicará a coima, se esta for da sua competência e não houver lugar à aplicação de sanções acessórias.

2 – Se o conhecimento da contra-ordenação couber a outra entidade tributária, o dirigente do serviço tributário remete-lhe o processo para a aplicação da coima.

3 – A entidade competente para conhecer da contra-ordenação pode delegar em funcionários qualificados a competência para a aplicação da coima ou para o arquivamento do respectivo processo.

4 – Em caso de concurso de contra-ordenações cujo conhecimento caiba ao dirigente do serviço tributário e a outras entidades tributárias, cabe a esta aplicar a respectiva coima.

Artigo 77.º – Arquivamento do processo

1 – Ocorrendo causa extintiva do procedimento ou havendo dúvidas fundadas sobre os factos constitutivos da contra-ordenação que não seja possível suprir, a entidade competente para o seu conhecimento arquiva o processo.

2 – (Revogado).

NOTA:

O n.º 2 foi revogado pela Lei n. 66-B/2012, de 31 de dezembro.

Artigo 78.º – Pagamento voluntário

1 – O pagamento voluntário da coima determina a sua redução para 75% do montante fixado, não podendo, porém, a coima a pagar ser inferior ao montante mínimo respectivo, e sem prejuízo das custas processuais.

2 – Fixada a coima pela entidade competente, o arguido é notificado para a pagar voluntariamente no prazo de 15 dias, sob pena de perder o direito à redução previsto no número anterior.

3 – O pagamento voluntário da coima não afasta a aplicação das sanções acessórias previstas na lei.

4 – Se o arguido, até à decisão, não regularizar a situação tributária, perde o direito à redução a que se refere o n.º 1 e o processo prossegue para cobrança da parte da coima reduzida.

5 – (Revogado)

NOTAS:

1. Os números 1, 2, 3 e 4 deste artigo têm a redação dada pela Lei n.º 53-A/2006, de 29-12.

2. O n.º 5 deste preceito, foi tacitamente revogado por força da Lei 53-A/2006, de 29 de dezembro,

Artigo 79.º – Requisitos da decisão que aplica a coima e respetiva notificação

1 – A decisão que aplica a coima contém:

a) A identificação do infractor e eventuais comparticipantes;

b) A descrição sumária dos factos e indicação das normas violadas e punitivas;

c) A coima e sanções acessórias, com indicação dos elementos que contribuíram para a sua fixação;

d) A indicação de que vigora o princípio da proibição da reformatio in pejus, sem prejuízo da possibilidade de agravamento da coima, sempre que a situação económica e financeira do infractor tiver entretanto melhorado de forma sensível;

e) A indicação do destino das mercadorias apreendidas;

f) A condenação em custas.

2 – A notificação da decisão que aplicou a coima contém, além dos termos da decisão e do montante das custas, a advertência expressa de que, no prazo de 30 dias, o infrator deve efetuar o pagamento ou recorrer judicialmente, sob pena de se proceder à sua cobrança coerciva.

3 – A notificação referida no número anterior é sempre da competência do serviço tributário referido no artigo 67.º

NOTA:

O n.º 2 tem a redação dada pelo art.º 6.º da Lei n.º 7/2021, de 26 de fevereiro que lhe alterou também a epígrafe. O prazo para pagamento e o prazo de recurso passaram para 30 dias.

SUBSECÇÃO II – Da fase judicial

Artigo 80.º – Recurso das decisões de aplicação das coimas

1 – As decisões de aplicação das coimas e sanções acessórias podem ser objeto de recurso para o tribunal tributário de 1.ª instância, no prazo de 30 dias após a sua notificação, a apresentar no serviço tributário onde tiver sido instaurado o processo de contraordenação.

2 – O pedido contém alegações e a indicação dos meios de prova a produzir e é dirigido ao tribunal tributário de 1.ª instância da área do serviço tributário referido no número anterior.

3 – Até ao envio dos autos ao tribunal a autoridade recorrida pode revogar a decisão de aplicação da coima.

NOTA:

O n.º 1 tem a redação dada pelo art.º 6.º da Lei n.º 7/2021, de 26 de fevereiro. O prazo para recurso passa para 30 dias.

Artigo 81.º – Remessa do processo ao tribunal competente

1 – Recebida a petição, o dirigente do serviço tributário remete o processo, no prazo de 30 dias, ao tribunal tributário competente.

2 – Sempre que o entender conveniente, o representante da Fazenda Pública pode oferecer qualquer prova complementar, arrolar testemunhas, quando ainda o não tenham sido, ou indicar os elementos ao dispor da administração tributária que repute conveniente obter.

Artigo 82.º – Audiência de discussão e julgamento

1 – O Ministério Público deve estar presente na audiência de julgamento.

2 – O representante da Fazenda Pública pode participar na audiência.

3 – O arguido não é obrigado a comparecer à audiência, salvo se o juiz considerar a sua presença como necessária ao esclarecimento dos factos, podendo sempre fazer-se representar por advogado.

Artigo 83.º – Recurso da sentença

1 – O arguido, o representante da Fazenda Pública e o Ministério Público podem recorrer da decisão do tribunal tributário de 1.ª instância para o Tribunal Central Administrativo, exceto se o valor da coima aplicada não ultrapassar um quarto da alçada fixada para os tribunais judiciais de 1.ª instância e não for aplicada sanção acessória.

2 – Se o fundamento exclusivo do recurso for matéria de direito, é directamente interposto para a Secção de Contencioso Tributário do Supremo Tribunal Administrativo.

3 – O recurso é interposto no prazo de 30 dias a contar da notificação do despacho, da audiência do julgamento ou, caso o arguido não tenha comparecido, da notificação da sentença.

NOTAS:

1. O valor da alçada dos tribunais judiciais de 1.ª Instância em matéria cível é de € 5000 (artigo 31.º da Lei de Organização e funcionamento dos Tribunais Judiciais – Lei n.º 52/2008, de 28/08), pelo que caso não exista sanção acessória e a coima aplicada for inferior a € 1250 – o Tribunal Tributário de 1.ª Instância julga definitivamente sem possibilidade de recurso.

2. O n.º 1 tem a redação da Lei n.º 66-B/2012, de 31 de dezembro (Lei de Orçamento para 2013), conferindo-se agora à Fazenda Nacional, legitimidade processual para recorrer da sentença desfavorável em 1.ª instância.

3. O n.º 3 tem a redação dada pelo art.º 6.º da Lei n.º 7/2021, de 26 de fevereiro. O prazo para recurso passa para 30 dias

Artigo 84.º – Efeito suspensivo

O recurso só tem efeito suspensivo se o arguido prestar garantia no prazo de 30 dias, por qualquer das formas previstas nas leis tributárias, salvo se demonstrar em igual prazo que a não pode prestar, no todo ou em parte, por insuficiência de meios económicos.

NOTAS:

O preceito tem a redação dada pelo art.º 6.º da Lei n.º 7/2021, de 26 de fevereiro. O prazo para recurso passa para 30 dias

Artigo 85.º – Revisão das coimas e sanções acessórias – Competência

1 – A revisão da decisão da autoridade administrativa cabe ao tribunal competente para o conhecimento do respectivo recurso judicial, dela cabendo recurso para a instância imediatamente superior.

2 – Quando a coima tiver sido aplicada pelo tribunal, a revisão cabe à instância judicial imediatamente superior, excepto se a decisão tiver sido tomada pelo Supremo Tribunal Administrativo.

Artigo 86.º – Recurso em processo de revisão

Da decisão proferida em processo judicial de revisão da coima aplicada pelo tribunal tributário de 1.ª instância ou pelo Tribunal Central Administrativo só cabe recurso em matéria de direito para a Secção de Contencioso Tributário do Supremo Tribunal Administrativo.

PARTE III – Das infracções tributárias em especial

TÍTULO I – Crimes tributários

CAPÍTULO I – Crimes tributários comuns

Artigo 87.º – Burla tributária

1 – Quem, por meio de falsas declarações, falsificação ou viciação de documento fiscalmente relevante ou outros meios fraudulentos, determinar a administração tributária ou a administração da segurança social a efectuar atribuições patrimoniais das quais resulte enriquecimento do agente ou de terceiro é punido com prisão até três anos ou multa até 360 dias.

2 – Se a atribuição patrimonial for de valor elevado, a pena é a de 1 a 5 anos para as pessoas singulares e a de multa de 240 a 1200 dias para as pessoas colectivas.

3 – Se a atribuição patrimonial for de valor consideravelmente elevado, a pena é a de prisão de dois a oito anos para as pessoas singulares e a de multa de 480 a 1920 dias para as pessoas colectivas.

4 – As falsas declarações, a falsificação ou viciação de documento fiscalmente relevante ou a utilização de outros meios fraudulentos com o fim previsto no n.º 1 não são puníveis autonomamente, salvo se pena mais grave lhes couber.

5 – A tentativa é punível.

NOTA:

O n.º 2 passou a ter a redação da Lei n.º 64-B/2011, de 30 de dezembro (Lei de Orçamento para 2012). Esta alteração veio estabelecer um limite mínimo de um ano, na pena aplicável às pessoas singulares e de 240 dias para as pessoas coletivas, tendo-se ainda elevado o limite abstrato máximo da pena para estas, de 600 para 1200 dias.

Artigo 88.º – Frustração de créditos

1 – Quem, sabendo que tem de entregar tributo já liquidado ou em processo de liquidação ou dívida às instituições de segurança social, alienar, danificar ou ocultar, fizer desaparecer ou onerar o seu património com

intenção de, por essa forma, frustrar total ou parcialmente o crédito tributário é punido com pena de prisão de um a dois anos ou com pena de multa até 240 dias.

2 – Quem outorgar em actos ou contratos que importem a transferência ou oneração de património com a intenção e os efeitos referidos no número anterior, sabendo que o tributo já está liquidado ou em processo de liquidação ou que tem dívida às instituições de segurança social, é punido com prisão até um ano ou multa até 120 dias.

NOTA:

O n.º 1 tem a redação dada pela Lei n.º 82-B/2014, de 31 de dezembro. Subiu-se o limite mínimo da pena de prisão para um ano.

Artigo 89.º – Associação criminosa

1 – Quem promover ou fundar grupo, organização ou associação cuja finalidade ou actividade seja dirigida à prática de crimes tributários é punido com pena de prisão de um a cinco anos, se pena mais grave não lhe couber, nos termos de outra lei penal.

2 – Na mesma pena incorre quem apoiar tais grupos, organizações ou associações, nomeadamente fornecendo armas, munições, instrumentos de crime, armazenagem, guarda ou locais para as reuniões, ou qualquer auxílio para que se recrutem novos elementos.

3 – Quem chefiar, dirigir ou fizer parte dos grupos, organizações ou associações referidos nos números anteriores é punido com pena de prisão de 2 a 8 anos, se pena mais grave não lhe couber, nos termos de outra lei penal.

4 – As penas referidas podem ser especialmente atenuadas ou não ter lugar a punição se o agente impedir ou se esforçar seriamente para impedir a continuação dos grupos, organizações ou associações, ou comunicar à autoridade a sua existência, de modo a esta poder evitar a prática de crimes tributários.

NOTA:

Os n.ºs 2 e 3 passaram a ter a redação da Lei n.º 64-B/2011, de 30 de dezembro (Lei de Orçamento para 2012). Quanto ao tipo constante do n.º 2, esta alteração veio a acrescentar-lhe o termo "*apoiar*" por contraposição ao "*fazer parte*" que constava da redação anterior. Esta solução normativa afasta-se claramente da construção típica consignada no n.º 2 do art.º 299.º do CP. Parece-nos que o termo *apoiar* é mais abrangente do que o *fazer parte* que implica algum grau de participação na Associação Criminosa. Quanto ao n.º 3, foi acrescentado à *chefia* e à *direção* o *fazer parte* da Associação Criminosa.

Nestes termos, houve uma clara agravação da participação nestas Associações uma vez que passando esta forma de atuação do n.º 2 para o n.º 3 a pena aplicável é superior. Tendo em conta o exposto, esta forma de participação passou a ser punida de forma mais gravosa no domínio das infrações tributárias do que nas infrações comuns, o que não deixa de ser curioso, uma vez que fazer parte destes grupos, organizações ou associações passou a ser punido de forma mais gravosa do que promover ou fundar tais grupos, organizações ou associações. Parece-nos que se não houver quem promova, organize ou funde não há quem deles faça parte.

Artigo 90.º – Desobediência qualificada

A não obediência devida a ordem ou mandado legítimo regularmente comunicado e emanado do director-geral dos Impostos ou do director-geral das Alfândegas e dos Impostos Especiais sobre o Consumo ou seus substitutos legais ou de autoridade judicial competente em matéria de derrogação do sigilo bancário é punida como desobediência qualificada, com pena de prisão até dois anos ou de multa até 240 dias.

Artigo 91.º – Violação de segredo

1 – Quem, sem justa causa e sem consentimento de quem de direito, dolosamente revelar ou se aproveitar do conhecimento do segredo fiscal ou da situação contributiva perante a segurança social de que tenha conhecimento no exercício das suas funções ou por causa delas é punido com prisão até um ano ou multa até 240 dias.

2 – O funcionário que, sem estar devidamente autorizado, revele segredo de que teve conhecimento ou que lhe foi confiado no exercício das suas funções ou por causa delas com a intenção de obter para si ou para outrem um benefício ilegítimo ou de causar prejuízo ao interesse público, ao sistema de segurança social ou a terceiros é punido com prisão até três anos ou multa até 360 dias.

3 – A pena prevista no número anterior é aplicável ao funcionário que revele segredo de que teve conhecimento ou que lhe foi confiado no exercício das suas funções ou por causa delas, obtido através da derrogação do sigilo bancário ou outro dever legal de sigilo.

CAPÍTULO II – Crimes aduaneiros

Artigo 92.º – Contrabando

1 – Quem, por qualquer meio:

a) Importar ou exportar ou, por qualquer modo, introduzir ou retirar mercadorias do território nacional sem as apresentar às estâncias aduaneiras ou recintos directamente fiscalizados pela autoridade aduaneira para cumprimento das formalidades de despacho ou para pagamento da prestação tributária aduaneira legalmente devida;

b) Ocultar ou subtrair quaisquer mercadorias à ação da administração aduaneira no interior das estâncias aduaneiras ou recintos diretamente fiscalizados pela administração aduaneira ou sujeitos ao seu controlo;

c) Retirar do território nacional objectos de considerável interesse histórico ou artístico sem as autorizações impostas por lei;

d) Obtiver, mediante falsas declarações ou qualquer outro meio fraudulento, o despacho aduaneiro de quaisquer mercadorias ou um benefício ou vantagem fiscal;

e) Omitir, à entrada ou saída do território nacional, a declaração de dinheiro líquido, tal como definido na legislação comunitária e nacional, quando esse montante seja superior a € 300 000 e não seja, de imediato, justificada a sua origem e destino;

é punido com pena de prisão de 1 a 4 anos, ou com pena de multa de 120 a 480 dias, se o valor da prestação tributária em falta for superior a € 15 000 ou, não havendo lugar a prestação tributária, a mercadoria objeto da infração for de valor aduaneiro superior a € 50 000, se pena mais grave não lhe couber por força de outra disposição legal, ou ainda, quando inferiores a estes valores e com a intenção de os iludir, as condutas que lhe estão associadas sejam praticadas de forma organizada ou assumam dimensão internacional.

2 – A tentativa é punível.

NOTAS:

1. A alínea b) do n.º 1 e a cominação legal têm a redação dada pela Lei n.º 82-B/2014, de 31 de dezembro. Visa-se com a alteração à alínea b) do n.º 1, contemplar neste ilícito criminal a ocultação ou subtração de mercadorias em todos os locais sujeitos a fiscalização ou controlo aduaneiro. Quanto à alteração da cominação, trata-se de reformular o tipo criminal aduaneiro, que integra o elemento objetivo do valor da prestação tributária ou da mercadoria objeto da infração, de forma a punir criminalmente as condutas neles previstas, quando, independentemente daqueles valores e com a intenção de os iludir, revestir forma organizada ou tiver dimensão internacional. Pretende-se contrariar a tendência a que se vem assistindo de uso de estratégias fraudulentas que, pela não verificação do elemento objetivo de valor, são apenas puníveis como contraordenações, as quais não se têm revelado suficientemente dissuasoras no combate aos tráficos ilícitos mais frequentes.

2. Em 2013 foi publicado o Regulamento (UE) n.º 952/2013 do Parlamento Europeu e do Conselho de 9 de outubro, que estabelece o Código Aduaneiro da União (CAU, publicado no JO n.º L 269 de 10/10/2013 com a retificação do JO L 287 de 29/10/2013. A maioria das disposições deste Código entraram em aplicação em maio de 2016. Este Código é complementado pelo RD-CAU (Regulamento delegado (UE) 2015/2446 da Comissão, de 28 de julho de 2015), RE-CAU (Regulamento de execução (UE) 2015/2447 da Comissão, de 24 de novembro de 2015) e RDMT-CAU (Regulamento Delegado (UE) 2016/341 da Comissão, de 17 de dezembro de 2015).

3. A al. e) do n.º 1, foi aditada pela Lei n.º 42/2016, de 28 de dezembro (LOE 2017).

4. O preceito tem a redação do art.º 6.º da Lei n.º 7/2021, de 26 de fevereiro que alarga a moldura penal aplicável a este crime.

Artigo 93.º – Contrabando de circulação

1 – Quem, por qualquer meio, colocar ou detiver em circulação, no interior do território nacional, mercadorias em violação das leis aduaneiras relativas à circulação interna ou comunitária de mercadorias, sem o processamento das competentes guias ou outros documentos legalmente exigíveis ou sem a aplicação de selos, marcas ou outros sinais legalmente prescritos, é punido com pena de prisão até três anos ou com pena de multa até 360 dias, se o valor da prestação tributária em falta for superior a € 15 000 ou, não havendo lugar a prestação tributária, a mercadoria objeto

da infração for de valor aduaneiro superior a € 50 000 ou ainda, quando inferiores a estes valores e com a intenção de os iludir, as condutas que lhe estão associadas sejam praticadas de forma organizada ou assumam dimensão internacional.

2 – A tentativa é punível.

NOTA:

O n.º 1 deste artigo tem a redação dada pela Lei n.º 82-B/2014, de 31 de dezembro. Ver nota de alteração ao artigo 92.º do RGIT.

Artigo 94.º – Contrabando de mercadorias de circulação condicionada em embarcações

Quem, a bordo de embarcações de arqueação não superior a 750 t, detiver mercadorias de circulação condicionada destinadas a comércio, com excepção de pescado, é punido com prisão até três anos ou com pena de multa até 360 dias.

Artigo 95.º – Fraude no transporte de mercadorias em regime suspensivo

1 – Quem, por qualquer meio, no decurso do transporte de mercadorias em regime suspensivo:

a) Subtrair ou substituir mercadorias transportadas em tal regime;

b) Alterar ou tornar ineficazes os meios de selagem, de segurança ou de identificação aduaneira, com o fim de subtrair ou de substituir mercadorias;

c) Não observar os itinerários fixados, com o fim de se furtar à fiscalização;

d) Não apresentar as mercadorias nas estâncias aduaneiras de destino;

é punido com pena de prisão até três anos ou com pena de multa até 360 dias, se o valor da prestação tributária em falta for superior a € 15 000 ou, não havendo lugar a prestação tributária, a mercadoria objeto da infração for de valor aduaneiro superior a € 50 000 ou ainda, quando inferiores a estes valores e com a intenção de os iludir, as condutas que lhe estão associadas sejam praticadas de forma organizada ou assumam dimensão internacional.

2 – A tentativa é punível.

NOTAS:

1. O n.º 1 passou a ter a redação da Lei n.º 64-B/2011, de 30 de dezembro (Lei de Orçamento para 2012), tendo-se acrescentado "*por qualquer meio...*". Para além da harmonização com os tipos constantes dos art.ºs 92.º e 93.º, não nos parece que esta alteração venha acrescentar outro valor à redação original.

2. A cominação legal constante do preceito tem a redação dada pela Lei n.º 82-B/2014, de 31 de dezembro. Ver nota de alteração ao artigo 92.º do RGIT.

Artigo 96.º – Introdução fraudulenta no consumo

1 – Quem, com intenção de se subtrair ao pagamento dos impostos especiais sobre o álcool, as bebidas alcoólicas e as bebidas adicionadas de açúcar ou outros edulcorantes, produtos petrolíferos e energéticos ou tabaco:

a) Introduzir no consumo produtos tributáveis sem o cumprimento das formalidades legalmente exigidas;

b) Produzir, receber, armazenar, expedir, transportar, detiver ou consumir produtos tributáveis, em regime suspensivo, sem o cumprimento das formalidades legalmente exigidas;

c) Receber, armazenar, expedir, transportar, detiver ou consumir produtos tributáveis, já introduzidos no consumo noutro Estado membro, sem o cumprimento das formalidades legalmente exigidas;

d) Introduzir no consumo, comercializar, detiver ou consumir produtos tributáveis com violação das normas nacionais ou europeias aplicáveis em matéria de marcação, coloração, desnaturação ou selagem;

e) Introduzir no consumo, detiver ou consumir produtos tributáveis destinados a consumo noutra parcela do território nacional ou com fiscalidade diferenciada;

***f)* Obtiver, mediante falsas declarações ou qualquer outro meio fraudulento, um benefício ou vantagem fiscal, é punido com pena de prisão até 3 anos ou com pena de multa até 360 dias, se o valor da prestação tributária em falta for superior a € 15 000 ou, não havendo lugar a prestação tributária, se os produtos objecto da infracção forem de valor líquido de imposto superior a € 50 000.**

é punido com pena de prisão de 1 a 4 anos, ou com pena de multa de 120 a 480 dias, se o valor da prestação tributária em falta for superior a € 15 000 ou, não havendo lugar a prestação tributária, se os produtos

objeto da infração forem de valor líquido de imposto superior a € 50 000 ou ainda, quando inferiores a estes valores e com a intenção de os iludir, as condutas que lhe estão associadas sejam praticadas de forma organizada ou assumam dimensão internacional.

2 – Na mesma pena incorre quem, com intenção de se subtrair ao pagamento da prestação tributária devida, introduzir no consumo veículo tributável com obtenção de benefício ou vantagem fiscal mediante falsas declarações, ou qualquer outro meio fraudulento, se o valor da prestação tributária em falta for superior a € 15 000 ou ainda, quando inferior a este valor e com a intenção de o iludir, as condutas que lhe estão associadas sejam praticadas de forma organizada ou assumam dimensão internacional.

3 – A tentativa é punível.

NOTAS:

1. O corpo do n.º 1 deste artigo tem a redação dada pela Lei n.º 71/2018, de 31-12, tendo o legislador incluído na sua previsão as bebidas açucaradas..

2. A alínea f) do n.º 1 foi acrescentada e o corpo e do n.º 1 e o n.º 2 passaram a ter a redação da Lei n.º 64-B/2011, de 30 de Dezembro (Lei de Orçamento para 2012), tendo-se acrescentado "*por qualquer meio...*". Para além da harmonização com os tipos constantes dos art.ºs 92.º e 93.º, não nos parece que esta alteração venha acrescentar outro valor à redação original.

3. A alteração ao n.º 1 teve por objetivo fazer incluir no tipo os produtos energéticos, também eles objeto de tributação por parte do CIEC para além dos petrolíferos.

4. No que atende à alínea f), trata-se claramente de punir em sede de IEC as mesmas situações que já se encontravam previstas para contrabando [vide art.º 92.º n.º 1 al. d)].

5. O n.º 2 é a grande novidade desta Lei em sede de alterações ao RGIT e marca um ponto de viragem no posicionamento do legislador face ao ISV. Efetivamente, como vínhamos referindo nas edições anteriores do RGIT, nunca existiu a criminalização de qualquer conduta em sede de ISV, bastando-se o legislador pela tipificação em sede contraordenacional. A partir daqui e embora estejam por tipificar muitas condutas nesta sede, adivinhando-se alterações futuras neste âmbito, está criminalizada *a introdução no consumo veículo tributável com obtenção de benefício ou vantagem fiscal mediante falsas declarações, ou qualquer outro meio fraudulento, se o valor da prestação tributária em falta for superior a € 15 000* e existir *intenção de se subtrair ao pagamento da prestação tributária* (dolo específico).

6. A alínea d) do n.º 1, foi alterado pela Lei n.º 83-C/2013, de 31 de dezembro (LOE 2014), procedendo-se a uma mera atualização terminológica em função da nova realidade europeia. Assim passou a utilizar-se o termo *europeia* onde constava *comunitária*.

7. O n.º 2 foi alterado pela Lei n.º 82-B/2014, de 31 de dezembro. Ver nota de alteração ao artigo 92.º do RGIT.

8. O preceito tem a redação do art.º 6.º da Lei n.º 7/2021, de 26 de fevereiro que alarga a moldura penal aplicável a este crime.

Artigo 97.º – Qualificação

Os crimes previstos nos artigos anteriores, independentemente dos requisitos de valor neles previstos, são punidos com pena de prisão de um a cinco anos para as pessoas singulares e com pena de multa de 240 a 1200 dias para as pessoas coletivas, quando se verifique qualquer das seguintes circunstâncias:

a) A mercadoria objeto da infração for de importação ou de exportação proibida ou condicionada em cumprimento de medidas restritivas internacionais;

***b*) A mercadoria objecto da infracção tiver valor superior a € 100 000;**

c) Tiverem sido cometidos com uso de armas, ou com o emprego de violência, ou por duas ou mais pessoas;

d) Tiverem sido praticados com corrupção de qualquer funcionário ou agente do Estado;

e) O autor ou cúmplice do crime for funcionário da administração tributária ou agente de órgão de polícia criminal;

f) Quando em águas territoriais tiver havido transbordo de mercadorias contrabandeadas;

g) Quando a mercadoria objeto da infração pertencer à Convenção sobre o Comércio Internacional das Espécies da Fauna e da Flora Selvagens Ameaçadas de Extinção e o seu comércio internacional estiver temporária ou definitivamente proibido.

NOTAS:

1. A alínea *a)* deste artigo tem a redação dada pela Lei n.º 114/2017 de 29 de dezembro (LOE 2018), que alargou a previsão ao incumprimento de *medidas restritivas internacionais.*

2. A alínea *b)* deste artigo tem a redação dada pela Lei n.º 67-A/2007, de 31-12, que subiu os valores qualificantes da alínea *b)* de € 50 000, para € 100 000, tendo em conta os aumentos dos limites incriminativos dos tipos constantes dos artigos 92.º, 93.º, 95.º e 96.º

3. Em 2010 foi publicado um novo Código dos Impostos Especiais sobre o Consumo (CIEC), aprovado pelo Decreto-Lei n.º 73/2010, de 21 de junho, que harmoniza as disposições nacionais em matéria de IEC com a Diretiva n.º 92/12/CEE, do Conselho, de 25 de fevereiro.

4. O corpo do preceito tem a redação da Lei n.º 82-B/2014, de 31 de dezembro (Lei de Orçamento para 2015). Além das razões justificativas apresentadas na nota de alteração ao artigo 92º, de acordo com o elemento histórico da interpretação, existem razões para sustentar que, desde o anterior RJIFA, a intenção do legislador é a de fixar tipos especiais de crimes aduaneiros qualificados, dada a natureza jurídica dos bens a tutelar, que à exceção da alínea b), não têm por base interesses patrimoniais, devendo por essa razão, ser independentes do requisito de valor que são previstos para os crime base nos artigos anteriores.

5. A alínea g) tem a redação dada pelo art.º 6.º da Lei n.º 7/2021, de 26 de fevereiro

Artigo 97.º-A – Contrabando de mercadorias susceptíveis de infligir a pena de morte ou tortura

1 – Quem importar ou exportar, sem as correspondentes autorizações emitidas pelas autoridades competentes, ou, por qualquer modo, introduzir ou retirar do território nacional sem as apresentar às estâncias aduaneiras, as mercadorias que, na prática, só podem ser utilizadas para aplicar a pena de morte ou infligir tortura ou tratamentos cruéis, desumanos ou degradantes, tipificadas no anexo II do Regulamento (CE) n.º 1236/2005, do Conselho, de 27 de Junho, é punido com pena de prisão de 1 a 5 anos para as pessoas singulares e de multa de 240 a 1200 dias para as pessoas colectivas.

2 – Quem exportar, sem as correspondentes autorizações emitidas pelas autoridades competentes, ou, por qualquer modo, retirar do território nacional sem as apresentar às estâncias aduaneiras, as mercadorias susceptíveis de serem utilizadas para infligir tortura ou tratamentos cruéis, desumanos ou degradantes, previstas no anexo III do Regulamento (CE) n.º 1236/2005, do Conselho, de 27 de Junho, é punido com pena de prisão até três anos ou pena de multa até 360 dias.

3 – A tentativa é punível.

NOTA:

Este artigo foi aditado pela Lei n.º 64-A/2008, de 31-12. O n.º 1 passou a ter a redação da Lei n.º 64-B/2011, de 30 de dezembro (Lei de Orçamento para 2012), tendo-se estabelecido um limite mínimo de um ano para a pena de prisão aplicável às pessoas singulares e de 240 dias para as pessoas coletivas. Elevou-se, ainda, o limite abstrato máximo da pena para estas, de 600 para 1200 dias.

Artigo 98.º – Violação das garantias aduaneiras

1 – Quem sendo dono, depositário, transportador ou declarante aduaneiro de quaisquer mercadorias apreendidas nos termos da lei, as alienar ou onerar, destruir, danificar ou tornar inutilizáveis, no acto da apreensão ou posteriormente, é punido com prisão até três anos ou com pena de multa até 360 dias.

2 – Na mesma pena incorre quem, depois de tomar conhecimento da instauração contra si ou contra um comparticipante de processo por crime ou contra-ordenação relativos a infracção prevista no presente diploma, destruir, alienar ou onerar bens apreendidos ou arrestados para garantia do pagamento da importância da condenação e prestação tributária, ainda que esta seja devida por outro comparticipante ou responsável.

NOTA:

O n.º 2 do preceito tem a redação do Lei n.º 64-A/2008, de 31 de dezembro.

Artigo 99.º – Quebra de marcas e selos

1 – Quem abrir, romper ou inutilizar, total ou parcialmente, marcas, selos e sinais prescritos nas leis aduaneiras, apostos por funcionário competente, para identificar, segurar ou manter inviolável mercadoria sujeita a fiscalização ou para certificar que sobre esta recaiu arresto, apreensão ou outra providência cautelar, é punido com prisão até três anos ou com pena de multa até 360 dias.

2 – A tentativa é punível.

Artigo 100.º – Receptação de mercadorias objecto de crime aduaneiro

1 – Quem, com intenção de obter para si ou para terceiro vantagem patrimonial, dissimular mercadoria objecto de crime aduaneiro, a receber em penhor, a adquirir por qualquer título, a detiver, conservar, transmitir ou contribuir para transmitir, ou de qualquer forma assegurar a sua posse, é punido com prisão até três anos ou com pena de multa até 360 dias.

2 – Se o agente fizer modo de vida da receptação, a pena é de prisão até cinco anos ou multa até 600 dias.

3 – A pena pode ser livremente atenuada, ou ser decretada a isenção da pena, se o agente do crime, antes de iniciado o processo penal ou no seu decurso, entregar a mercadoria objecto de crime aduaneiro à autoridade competente e indicar, com verdade, de quem a recebeu.

4 – O disposto no número anterior não é aplicável se no decurso do processo se provar que o arguido faz da receptação de mercadorias objecto de crime aduaneiro modo de vida, bem como se se verificar que já foi condenado pelo crime previsto no n.º 1.

Artigo 101.º – Auxílio material

Quem auxiliar materialmente outrem a aproveitar-se do benefício económico proporcionado por mercadoria objecto de crime aduaneiro é punido com prisão até dois anos ou com pena de multa até 240 dias.

Artigo 102.º – Crimes de contrabando previstos em disposições especiais

Os factos expressamente qualificados em disposições especiais como crimes de contrabando são punidos, conforme as circunstâncias, com as penas previstas nos artigos anteriores, salvo se daquelas disposições resultar pena mais grave.

CAPÍTULO III – Crimes fiscais

Artigo 103.º – Fraude

1 – Constituem fraude fiscal, punível com pena de prisão até três anos ou multa até 360 dias, as condutas ilegítimas tipificadas no presente artigo que visem a não liquidação, entrega ou pagamento da prestação tributária ou a obtenção indevida de benefícios fiscais, reembolsos ou outras vanta-

gens patrimoniais susceptíveis de causarem diminuição das receitas tributárias. A fraude fiscal pode ter lugar por:

a) Ocultação ou alteração de factos ou valores que devam constar dos livros de contabilidade ou escrituração, ou das declarações apresentadas ou prestadas a fim de que a administração fiscal especificamente fiscalize, determine, avalie ou controle a matéria colectável;

b) Ocultação de factos ou valores não declarados e que devam ser revelados à administração tributária;

c) Celebração de negócio simulado, quer quanto ao valor, quer quanto à natureza, quer por interposição, omissão ou substituição de pessoas.

2 – Os factos previstos nos números anteriores não são puníveis se a vantagem patrimonial ilegítima for inferior a € 15 000.

3 – Para efeitos do disposto nos números anteriores, os valores a considerar são os que, nos termos da legislação aplicável, devam constar de cada declaração a apresentar à administração tributária.

NOTA:

O número 2 deste preceito, foi alterado pela Lei n.º 60-A/2005, de 30-12.

Artigo 104.º – Fraude qualificada

1 – Os factos previstos no artigo anterior são puníveis com prisão de um a cinco anos para as pessoas singulares e multa de 240 a 1200 dias para as pessoas colectivas quando se verificar a acumulação de mais de uma das seguintes circunstâncias:

a) O agente se tiver conluiado com terceiros que estejam sujeitos a obrigações acessórias para efeitos de fiscalização tributária;

b) O agente for funcionário público e tiver abusado gravemente das suas funções;

c) O agente se tiver socorrido do auxílio do funcionário público com grave abuso das suas funções;

d) O agente falsificar ou viciar, ocultar, destruir, inutilizar ou recusar entregar, exibir ou apresentar livros, programas ou ficheiros informáticos e quaisquer outros documentos ou elementos probatórios exigidos pela lei tributária;

e) O agente usar os livros ou quaisquer outros elementos referidos no número anterior sabendo-os falsificados ou viciados por terceiro;

f) Tiver sido utilizada a interposição de pessoas singulares ou colectivas residentes fora do território português e aí submetidas a um regime fiscal claramente mais favorável;

g) O agente se tiver conluiado com terceiros com os quais esteja em situação de relações especiais.

2 – A mesma pena é aplicável quando:

***a*) A fraude tiver lugar mediante a utilização de facturas ou documentos equivalentes por operações inexistentes ou por valores diferentes ou ainda com a intervenção de pessoas ou entidades diversas das da operação subjacente; ou**

***b*) A vantagem patrimonial for de valor superior a € 50 000.**

3 – Se a vantagem patrimonial for de valor superior a € 200 000, a pena é a de prisão de 2 a 8 anos para as pessoas singulares e a de multa de 480 a 1920 dias para as pessoas colectivas.

4 – Os factos previstos nas alíneas d) e e) do n.º 1 do presente preceito com o fim definido no n.º 1 do artigo 103.º não são puníveis autonomamente, salvo se pena mais grave lhes couber.

NOTA:

Os n.ºs 2 e 3 passaram a ter a redação da Lei n.º 64-B/2011, de 30 de Dezembro (Lei de Orçamento para 2012).

A grande novidade aqui, reside na criação de uma circunstância qualificante autónoma que passa pela mera vantagem patrimonial de valor superior a € 50 000. Nestes termos, a fraude fiscal passa a ser qualificada sempre que se retire da sua prática vantagem patrimonial de valor superior àquele montante.

Outra novidade de monta respeita ao n.º 3 que agora se acrescenta. Nos termos deste novo dispositivo *se a vantagem patrimonial for de valor superior a € 200 000, a pena é a de prisão de dois a oito anos para as pessoas singulares e a de multa de 480 a 1920 dias para as pessoas coletivas.* Assim, a pena aplicável a estes comportamentos, agravados somente em função da vantagem patrimonial indevida, é igual à do crime tributário por associação criminosa, para quem chefie, dirija ou tome parte nestas atividades e superior à prevista para as ofensas corporais qualificadas [art.º 145.º n.º 1 al. a) do CP].

Com esta alteração o legislador vem admitir que os comportamentos mais graves de todos em sede de criminalidade tributária, a par da chefia, direção ou participação na associação criminosa são aqueles que visem a não liquidação, entrega ou pagamento da prestação tributária ou a obtenção indevida de benefícios fiscais, reembolsos ou outras vantagens patrimoniais suscetíveis de causarem diminuição das receitas tributárias quando a vantagem patrimonial for superior a € 200 000.

Artigo 105.º - Abuso de confiança

1 - Quem não entregar à administração tributária, total ou parcialmente, prestação tributária de valor superior a € 7 500, deduzida nos termos da lei e que estava legalmente obrigado a entregar é punido com pena de prisão até três anos ou multa até 360 dias.

2 - Para os efeitos do disposto no número anterior, considera-se também prestação tributária a que foi deduzida por conta daquela, bem como aquela que, tendo sido recebida, haja obrigação legal de a liquidar, nos casos em que a lei o preveja.

3 - É aplicável o disposto no número anterior ainda que a prestação deduzida tenha natureza parafiscal e desde que possa ser entregue autonomamente.

4 - Os factos descritos nos números anteriores só são puníveis se:

a) Tiverem decorrido mais de 90 dias sobre o termo do prazo legal de entrega da prestação;

b) A prestação comunicada à administração tributária através da correspondente declaração não for paga, acrescida dos juros respectivos e do valor da coima aplicável, no prazo de 30 dias após notificação para o efeito.

5 - Nos casos previstos nos números anteriores, quando a entrega não efectuada for superior a € 50 000, a pena é a de prisão de um a cinco anos e de multa de 240 a 1200 dias para as pessoas colectivas.

6 - (Revogado).

7 - Para efeitos do disposto nos números anteriores, os valores a considerar são os que, nos termos da legislação aplicável, devam constar de cada declaração a apresentar à administração tributária.

NOTAS:

1. O número 6 deste preceito, foi alterado pela Lei n.º 60-A/2005, de 30-12.
2. O número 4 deste artigo têm a redação dada pela Lei n.º 53-A/2006, de 29-12.
3. O n.º 1 deste preceito tem a redação dada pela Lei n.º 64-A/2008, de 31-12 e revogou o n.º 6.

CAPÍTULO IV – Crimes contra a segurança social

Artigo 106.º – Fraude contra a segurança social

1 – Constituem fraude contra a segurança social as condutas das entidades empregadoras, dos trabalhadores independentes e dos beneficiários que visem a não liquidação, entrega ou pagamento, total ou parcial, ou o recebimento indevido, total ou parcial, de prestações de segurança social com intenção de obter para si ou para outrem vantagem ilegítima de valor superior a € 7500.

2 – É aplicável à fraude contra a segurança social a pena prevista no n.º 1 do artigo 103.º, bem como o disposto nas respetivas alíneas.

3 – É igualmente aplicável às condutas previstas no n.º 1 deste artigo o disposto no artigo 104.º

4 – Para efeito deste artigo também se consideram prestação da segurança social os benefícios previstos na legislação da segurança social.

NOTA:

1. O n.º 1 foi alterado pela Lei n.º 66-B/2012, de 31 de dezembro (Lei de Orçamento para 2013), tendo-se diminuído o limite incriminativo do tipo de € 7500 para € 3500. Posteriormente, reconhecendo o erro cometido com a diminuição do limite incriminativo, a Lei n.º 83-C/2013, de 31 de dezembro (LOE 2014), repôs o limite de € 7500, como condição para que os factos tipificados constituam crime. Esta alteração só vigorou um ano.
2. O n.º 2 deste artigo tem a redação dada pela Lei n.º 71/2018, de 31-12.

Artigo 106.º-A – Omissão de comunicação de admissão de trabalhadores

As entidades empregadoras que não comuniquem à segurança social a admissão de trabalhadores nos termos previstos nos n.ºs 1 a 3 do artigo 29.º do Código dos Regimes Contributivos do Sistema Previdencial de Segurança Social, aprovado em anexo à Lei n.º 110/2009, de 16 de setembro, no prazo de seis meses subsequentes ao termo do prazo legalmente previsto, são punidas com as penas previstas no n.º 1 do artigo 105.º

NOTA:

O preceito foi aditado pelo artigo 14.º da Lei n.º 13/2023, de 3 de abril que altera o Código do Trabalho e legislação conexa, no âmbito da agenda do trabalho digno.

Artigo 107.º – Abuso de confiança contra a segurança social

1 – As entidades empregadoras que, tendo deduzido do valor das remunerações devidas a trabalhadores e membros dos órgãos sociais o montante das contribuições por estes legalmente devidas, não o entreguem, total ou parcialmente, às instituições de segurança social, são punidas com as penas previstas nos nºs 1 e 5 do artigo 105.º

2 – É aplicável o disposto nos n.ºs 4 e 7 do artigo 105.º

NOTA:

O n.º 2 tem a redação da Lei n.º 66-B/2012, de 31 de dezembro (Lei de Orçamento para 2013), tendo-se retificado um erro que já existia desde a vigência da Lei n.º 60-A/2005, de 30 de Dezembro (Lei de Orçamento para 2006).

TÍTULO II – Contra-ordenações tributárias

CAPÍTULO I – Contra-ordenações aduaneiras

Artigo 108.º – Descaminho

1 – Os factos descritos nos artigos 92.º, 93.º e 95.º da presente lei que não constituam crime em razão do valor da prestação tributária ou da mercadoria objecto da infracção, ou, independentemente destes valores, sempre que forem praticados a título de negligência, são puníveis com coima de € 250 a € 165 000.

2 – Os meios de transporte utilizados na prática da contra-ordenação prevista no número anterior serão declarados perdidos a favor da Fazenda Nacional quando a mercadoria objecto da infracção consistir na parte de maior valor relativamente à restante mercadoria transportada e desde que esse valor exceda € 3.750, valendo, também nesses casos, as excepções consagradas nas alíneas a) e b) do n.º 1 do artigo 19.º

3 – A mesma coima é aplicável:

a) Quando for violada a disciplina legal dos regimes aduaneiros;

b) Quando tenha havido desvio do fim pressuposto no regime aduaneiro aplicado à mercadoria;

c) Quando forem utilizadas ou modificadas ilicitamente mercadorias em regime de domiciliação antes do desembaraço aduaneiro ou as armazenar em locais diversos daqueles para os quais foi autorizada a descarga, de modo a impedir ou dificultar a acção aduaneira, sem prejuízo da suspensão do regime prevista nas leis aduaneiras;

d) Quando, através de diversos formulários de despacho, se proceder à importação de componentes separados de um determinado artefacto que, após montagem no País, formem um produto novo, desde que efectuado com a finalidade de iludir a percepção da prestação tributária devida pela importação do artefacto acabado ou se destine a subtrair o importador aos efeitos das normas sobre contingentação de mercadorias.

4 – (Revogado).

5 – A mesma coima é aplicável a infracções praticadas no âmbito dos regimes especiais de admissão ou importação, com quaisquer isenções, de bens destinados a fins sociais, culturais ou filantrópicos, quando forem afectos ou cedidos a terceiros, ao comércio ou a outros fins, em violação do respectivo regime.

6 – Incorre ainda na prática de descaminho, punível com coima de € 1 000 a € 165 000, quem, à entrada ou saída do território nacional, não cumprir o dever legal de declaração de montante de dinheiro líquido, como tal definido na legislação comunitária e nacional, igual ou superior a € 10 000, transportado por si e por viagem.

7 – A mesma coima é aplicável a quem violar a obrigação de comunicar à Autoridade Tributária e Aduaneira as informações prévias legalmente exigíveis, à chegada ou à partida das mercadorias, em cumprimento de medidas restritivas internacionais, se outra infração mais grave lhe não couber.

8 – Considera-se que esse dever não foi cumprido quando a informação constante do formulário não esteja correcta ou esteja incompleta, salvo quando os elementos incorrectos ou em falta possam ser supridos ou mandados suprir ao declarante, no acto de controlo, e as inexactidões ou omissões não sejam culposas.

9 – À violação do dever de declaração de dinheiro líquido não é possível a aplicação da redução de coima prevista no artigo 30.°, devendo ser sempre instaurado processo de contraordenação que garanta, em qualquer caso, a suscetibilidade de apreensão do dinheiro, prevista no n.° 5 do artigo 73.°

10 – A tentativa é punível.

NOTAS:

1. Os números 6, 7 e 8 deste artigo têm a redação dada pela Lei n.º 53-A/2006, de 29-12

2. O n.º 4 foi revogado pelo art.º 9.º da Lei n.º 22-A/2007, de 29 de junho.

3. Os n.º 1 e 3 passaram a ter a redação da Lei n.º 64-B/2011, de 30 de Dezembro (Lei de Orçamento para 2012), tendo-se subido os limites abstratos das coimas do n.º 1 para € 250 e € 165 000 e terminado com a menção aos regimes aduaneiros económicos ou suspensivos, a que aludia a al. a) do n.º 3. A este propósito, já anteriormente havíamos referido que tal distinção se deveu ao facto de o legislador, na elaboração do RGIT, se ter limitado a copiar o tipo que já constava do art.º 35.º n.º 2 al. a) do RJIFA. Desta feita, tendo em conta a alteração que aqui se apresenta, passou a incluir-se também no âmbito desta alínea a) os regimes aduaneiros de introdução em livre prática e a exportação (que não são nem económicos nem suspensivos).

4. A alínea a) do n.º 1 foi alterada pela Lei n.º 83-C/2013, de 31 de dezembro (LOE 2014), alargando-se a tipificação também aos destinos aduaneiros. Ora, com a entrada em vigor do Código Aduaneiro da União, esta qualificação (destinos aduaneiros), deixou de existir.

5. O n.º 6 do preceito em anotação foi alterado pela Lei n.º 114/2017 de 29 de dezembro (LOE 2018), que aumentou o limite abstrato mínimo para € 1000. Esta Lei também tipifica uma nova contraordenação no seu novo n.º 7 e renumera os n.ºs 7 e 8 em novos 8 e 9 respetivamente.

6. A tipificação constante do novo n.º 7 refere-se à obrigatoriedade de comunicação *das informações prévias legalmente exigíveis, à chegada ou à partida das mercadorias, em cumprimento de medidas restritivas internacionais.* Pensamos que o legislador, em obediência ao princípio da tipicidade estrita de deve orientar o direito penal e contraordenacional, deveria ter especificado que informações são estas. Porém no domínio do direito penal e contraordenacional tributário temos assistido cada vez mais à utilização de termos vagos e imprecisos que não contribuem para a dignificação deste ramo do direito. Pensamos que estas informações podem estar ligadas a sanções ou embargos, adotados a fim de manter ou restabelecer a paz e a segurança internacionais, em caso de ameaça à paz, rutura da paz ou ato de agressão). Estas medidas inserem-se no quadro do combate ao branqueamento de capitais e financiamento do terrorismo e da proliferação de armas e já foram objeto de qualificação na alínea a) do art.º 97.º em matéria criminal. Estas mediadas refletem as preocupações do GAFI em matéria sancionatória enquanto elemento dissuasor da prática de certas infrações. O GAFI, ou Grupo de Ação Financeira Internacional, é um organismo intergovernamental que tem por objetivo conceber e promover, quer a nível nacional como

a nível internacional, estratégias contra o branqueamento de capitais e o financiamento do terrorismo. Trata-se de um organismo de natureza intergovernamental e multidisciplinar criado em 1989 com a finalidade de desenvolver uma estratégia global de prevenção e de combate ao branqueamento de capitais e, desde Outubro de 2001, também contra o financiamento do terrorismo, sendo reconhecido a nível internacional como a entidade que define os padrões nesta matéria (http://www.dgpj.mj.pt/sections/relacoes-internacionais/anexosorgint2/o-que-e-o-gafi/).

7. Em 2013 foi publicado o Regulamento (UE) n.º 952/2013 do Parlamento Europeu e do Conselho de 9 de outubro, que estabelece o Código Aduaneiro da União (CAU, publicado no JO n.º L 269 de 10/10/2013 com a retificação do JO L 287 de 29/10/2013. A maioria das disposições deste Código entraram em aplicação em maio de 2016. Este Código é complementado pelo RD-CAU (Regulamento delegado (UE) 2015/2446 da Comissão, de 28 de julho de 2015), RE-CAU (Regulamento de execução (UE) 2015/2447 da Comissão, de 24 de novembro de 2015) e RDMT-CAU (Regulamento Delegado (UE) 2016/341 da Comissão, de 17 de dezembro de 2015).

8. O Código Aduaneiro da União, contém uma disposição acerca das sanções administrativas no seu artigo 42.º, esclarecendo que cabe a cada Estado-Membro determinar as sanções aplicáveis em caso de incumprimento da legislação aduaneira, devendo estas sanções ser efetivas, proporcionadas e dissuasivas. Caso sejam aplicadas, as sanções administrativas podem assumir, nomeadamente, uma das seguintes formas ou ambas:

a) Uma coima aplicável pelas autoridades aduaneiras, incluindo, se for caso disso, um pagamento acordado que substitua uma sanção penal;

b) A revogação, suspensão ou alteração de uma autorização que tenha sido concedida à pessoa em causa.

9. O n.º 9 tem a redação da Lei n.º 7/2021, de 26 de fevereiro que também renumerou o anterior 9 em 10.

Artigo 109.º – Introdução irregular no consumo

1 – Os factos descritos no artigo 96.º, que não constituam crime em razão do valor da prestação tributária ou da mercadoria objeto da infração, ou, independentemente destes valores, sempre que forem praticados a título de negligência, são puníveis com coima de € 1500 a € 165 000.

2 – São puníveis com coima de € 250 a € 165 000 os seguintes factos:

a) Não apresentar os documentos de acompanhamento, as declarações de introdução no consumo ou documento equivalente e os resumos mensais de vendas, nos termos e prazos legalmente fixados;

b) Desviar os produtos tributáveis do fim pressuposto no regime fiscal que lhe é aplicável ou utilizá-los em equipamentos não autorizados ou sem a prévia autorização por parte da Autoridade Tributária e Aduaneira;

c) Não dispuser da contabilidade nos termos do Código dos Impostos Especiais sobre o Consumo ou nela não inscrever imediatamente as expedições, recepções e introduções no consumo de produtos tributáveis;

d) Expedir produtos tributáveis em regime suspensivo, sem prestação da garantia exigível ou quando o seu montante seja inferior ao do respectivo imposto;

e) Armazenar produtos tributáveis em entreposto fiscal diferente do especialmente autorizado em função da natureza do produto;

f) Misturar produtos tributáveis distintos sem prévia autorização da estância aduaneira competente;

g) (Revogada);

h) Não cumprir as regras de funcionamento dos entrepostos fiscais previstas no Código dos Impostos Especiais de Consumo, na entrada e na saída de produtos tributáveis;

i) (Revogada);

j) (Revogada);

l) Não dispuser ou não actualizar os certificados de calibração e não mantiver em bom estado de operacionalidade os instrumentos de medida, tubagens, indicadores automáticos de nível e válvulas, tal como exigido por lei;

m) Alterar as características e valores metrológicos do equipamento de armazenagem, medição e movimentação dos entrepostos fiscais sem a comunicação prévia à estância aduaneira competente;

n) Introduzir no consumo ou comercializar produtos tributáveis a preço diferente do preço homologado de venda ao público, quando ele exista;

o) Recusar, obstruir ou impedir a fiscalização das condições do exercício da sua actividade, nomeadamente a não prestação de informação legalmente prevista ao serviço fiscalizador;

p) Introduzir no consumo, expedir, deter ou comercializar produtos com violação das regras de selagem, embalagem, detenção ou comercialização, designadamente os limites quantitativos, estabelecidas pelo Código dos Impostos Especiais sobre o Consumo e em legislação complementar;

q) Adquirir ou consumir gasóleo colorido e marcado sem ser titular de cartão com microcircuito;

r) Utilizar produtos que beneficiem de isenção, sem o reconhecimento prévio da autoridade aduaneira, nos casos em que esta for exigível pela legislação aplicável.

s) Não dispuser ou não cumprir as exigências legais de registo contabilístico, especialmente previstas para os beneficiários de isenções, na legislação aplicável.

3 – A coima prevista no número anterior é igualmente aplicável a quem:

a) Introduzir no consumo, expedir, exportar, utilizar ou mantiver a posse de veículos tributáveis sem o cumprimento das obrigações prescritas por lei;

b) Utilizar veículo tributável com documentos inválidos ou fora das condições prescritas por lei ou pela Direcção-Geral das Alfândegas e dos Impostos Especiais sobre o Consumo ou violar o prazo de apresentação à alfândega de veículos tributáveis que se destinem a ser introduzidos no consumo ou a permanecer temporariamente em território nacional;

c) Utilizar veículo tributável em violação de condicionalismos ou ónus que acompanhem o reconhecimento de benefício fiscal, designadamente em matéria de alienação, aluguer, cedência a terceiros ou identificação exterior do veículo;

d) Transformar ou utilizar veículo tributável transformado, mudar o chassis ou alterar o motor, desde que tais operações impliquem a sujeição a imposto ou a taxa de imposto mais elevada;

e) Obtiver benefício ou vantagem fiscal em veículos tributáveis por meio de falsas declarações ou por qualquer outro meio fraudulento.

4 – A tentativa é punível.

5 – O montante das coimas nos números anteriores é reduzido a metade no caso de os produtos objecto da infracção serem tributados à taxa zero.

6 – O montante máximo da coima é agravado para o dobro nos casos previstos na alínea p) do n.º 2.

NOTAS:

1. As alíneas g), i) e j) do n.º 2, foram revogadas pelo Decreto-Lei n.º 73/2010, de 21 de junho.

2. Em 2010 foi publicado um novo Código dos Impostos Especiais sobre o Consumo (CIEC), aprovado pelo Decreto-Lei n.º 73/2010, de 21 de junho, que harmoniza as disposições nacionais em matéria de IEC com a Diretiva n.º 92/12/CEE, do Conselho, de 25 de fevereiro.

3. Os n.º 1, 2 e o corpo dos n.º 3 e 5 passaram a ter a redação da Lei n.º 64-B/2011, de 30 de Dezembro (Lei de Orçamento para 2012), tendo-se subido os limites abstratos das coimas do n.º 1 para € 500 e € 165 000 e dos n.ºs 2 e 3 para € 250 e € 165 000 e posteriormente, pela Lei n.º 66-B/2012, de 31 de Dezembro (Lei de Orçamento para 2013), aumentou-se o limite abstrato mínimo do n.º 1, para € 1500. Quanto ao n.º 2 e acrescentou-se à alínea c) do n.º 2 "*Não dispuser da contabilidade...*". Na realidade, não fazia sentido que se sancionasse a falta de inscrição na contabilidade de certos movimentos e tal não acontecesse para a falta de contabilidade propriamente dita. O mesmo se diga para alínea l), onde se fazia alusão à falta de atualização dos certificados de calibração e nada se referia à sua falta de existência. Quanto à alínea p), o legislador referia-se apenas à introdução no consumo, detenção ou comercialização tendo olvidado a expedição, o que agora e nesta sede se retifica. Ao n.º 2 foi ainda aditada uma alínea r) para sancionar as situações em que se utilizam produtos que beneficiem de isenção, sem o reconhecimento prévio da autoridade aduaneira, numa clara alusão às obrigações que derivam do art.º 89.º n.º 2 do CIEC.

4. A alínea a) do n.º 3 foi alterada pela Lei n.º 83-C/2013, de 31 de dezembro (LOE 2014), alargando-se a tipificação à expedição e à exportação (vide art.º 41.º e segs. do CISV).

5. A alínea b) do n.º 2, passou a ter a redação da Lei n.º 82-B/2014, de 31 de dezembro (Lei de Orçamento para 2015). Visa integrar todas as demais utilizações de produtos isentos não autorizadas pela administração aduaneira.

6. A alínea s) do n.º 2, foi aditada pela Lei n.º 114/2017 de 29 de dezembro (LOE 2018) e tem em vista punir com uma contraordenação os casos de incumprimento das regras de contabilidade de existências, no caso, visando especialmente as estabelecidas no art.º 22º da Portaria n.º 117 – A/2008, aplicáveis às isenções do imposto sobre os produtos petrolíferos e energéticos (ISP), mas podendo vir também a servir, no futuro, para outras situações, para além das já previstas para o entreposto fiscal, na alínea c) do nº 2 deste art.º 109º

Artigo 109.º-A – Irregularidades no reembolso de imposto sobre produtos petrolíferos e energéticos

1 – Quem, por qualquer meio:

a) Registar indevidamente abastecimentos nos sistemas eletrónicos de controlo previstos no artigo 93.º-A do Código dos Impostos Especiais de Consumo (CIEC), introduzindo ou modificando erradamente a matrícula da viatura, a respetiva quilometragem ou o montante abastecido;

b) Beneficiar do reembolso parcial previsto no artigo 93.º-A do CIEC, não cumprindo os pressupostos estabelecidos naquele artigo, designadamente, através da utilização fraudulenta de cartão frota ou outro mecanismo de controlo, bem como de uma errada caracterização do veículo nas bases de dados da Autoridade Tributária e Aduaneira (AT) imputada ao beneficiário por ação ou omissão;

é punido com coima de € 3 000 até ao triplo dos abastecimentos declarados ou transferidos indevidamente, quando superior, quando dos factos resultar um reembolso indevido, em benefício próprio ou de terceiro.

2 – A mesma coima é aplicável a quem:

a) Transferir combustível registado em sistema eletrónico de controlo de abastecimento para outro veículo;

b) Consumir combustível marcado para efeitos do artigo 93.º-A do CIEC, não cumprindo os pressupostos estabelecidos naquele artigo.

3 – A prática dos factos descritos na alínea b) do número anterior é punível a título de negligência.

4 – Os meios de transporte utilizados na prática dos factos descritos nos n.ºs 1 e 2, através da utilização de combustível marcado para efeitos do artigo 93.º-A do CIEC, não cumprindo os pressupostos estabelecidos naquele artigo, podem ser imobilizados pelo período de um a seis meses, através da apreensão dos respetivos documentos pela AT, mediante decisão fundamentada e após audiência prévia.

NOTA:

O preceito em anotação foi aditado pela Lei n.º 24/2016, de 22 de agosto e cria um regime de reembolso de impostos sobre combustíveis para as empresas de transportes de mercadorias, alterando o Código dos Impostos Especiais de Consumo (CIEC).

Artigo 110.º – Recusa de entrega, exibição ou apresentação de documentos e mercadorias

1 – A recusa de entrega, exibição ou apresentação de escrita, contabilidade, declarações e documentos ou a recusa de apresentação de mercadorias às entidades com competência para a investigação e instrução das infracções aduaneiras é punível com coima de € 150 a € 15 000.

2 – A mesma coima é aplicável a quem, por qualquer meio, impedir ou embaraçar qualquer verificação, reverificação ou outra qualquer acção de fiscalização, ainda que preventiva, de mercadorias, livros ou documentos, ordenada por funcionário competente, em qualquer meio de transporte ou em qualquer estabelecimento, loja, armazém ou recinto fechado que não seja casa de habitação.

NOTAS:

1. O número 1 deste preceito tem a redação dada Lei n.º 64-B/2011, de 30 de dezembro).
2. O número 2 deste artigo tem a redação dada pela Lei n.º 53-A/2006, de 29-12.

Artigo 110.º-A – Falta ou atraso de entrega, exibição ou apresentação de documentos ou de declarações

A falta ou atraso na apresentação, ainda que por via electrónica, ou a não exibição imediata ou no prazo que a lei ou a administração aduaneira fixarem, de declarações ou documentos comprovativos dos factos, valores ou situações constantes das declarações, documentos de transporte ou outros que legalmente os possam substituir, comunicações, guias, registos, mesmo que magnéticos, ou outros documentos e a não prestação de informações ou esclarecimentos que autonomamente devam ser legal ou administrativamente exigidos são puníveis com coima de € 75 a € 3 750.

NOTA:

O preceito foi aditado pela Lei n.º 67-A/2007, de 31 de dezembro e tem atualmente a redação da Lei n.º 64-B/2011, de 30 de dezembro.

Artigo 111.º – Violação do dever de cooperação

A violação dolosa do dever legal de cooperação, no sentido da correcta percepção da prestação tributária aduaneira, ou a prática de inexactidões,

erros ou omissões nos documentos que aquele dever postula, quando estas não devam ser consideradas como infracções mais graves, é punível com coima de € 75 a € 7 500.

NOTA:

O preceito tem a redação da Lei n.º 64-B/2011, de 30 de dezembro.

Artigo 111.º-A – Omissões e inexactidões nas declarações ou em outros documentos tributariamente relevantes

As omissões ou inexactidões que não constituam a contra-ordenação prevista no artigo anterior, praticada nas declarações, bem como nos documentos comprovativos dos factos, valores ou situações delas constantes, incluindo as praticadas nos documentos de transporte ou outros que legalmente os possam substituir ou noutros documentos tributariamente relevantes que devam ser mantidos, apresentados ou exigidos são puníveis com coima de € 75 a € 5 750.

NOTA:

O preceito foi aditado pela Lei n.º 67-A/2007, de 31 de dezembro e tem atualmente a redação da Lei n.º 64-B/2011, de 30 de dezembro.

Artigo 112.º – Aquisição de mercadorias objecto de infracção aduaneira

1 – Quem, sem previamente se ter assegurado da sua legítima proveniência, adquirir ou receber, a qualquer título, coisa que, pela sua qualidade ou pela condição de quem lha oferece ou pelo montante do preço proposto, faça razoavelmente suspeitar de que se trata de mercadoria objecto de infracção aduaneira, quando ao facto não for aplicável sanção mais grave, é punido com coima de € 75 a € 7500.

2 – É aplicável, com as necessárias adaptações, o disposto nos n.ºs 3 e 4 do artigo 100.º

NOTA:

O preceito tem a redação da Lei n.º 64-B/2011, de 30 de dezembro.

Artigo 112.º-A – Incumprimento das obrigações referentes ao dever de diligência na cadeia de aprovisionamento de minerais de conflito

1 – O incumprimento das obrigações referentes ao dever de diligência na cadeia de aprovisionamento de minerais de conflito nos termos do Regulamento (UE) 2017/821 do Parlamento Europeu e do Conselho, de 17 maio de 2017, apurado no âmbito de auditorias efetuadas em cumprimento dos artigos 6.º e 7.º do regulamento ou no âmbito de controlos ex post, é punível com coima de 150 (euro) até 15 000 (euro).

2 – - Verificado o incumprimento das obrigações, o infrator é notificado para implementar medidas corretivas das irregularidades detetadas, em prazo a designar, não superior a 90 dias.

3 – A implementação das medidas corretivas referidas no n.º 2 é confirmada por uma auditoria efetuada nos termos do artigo 11.º do Regulamento (UE) 2017/821 do Parlamento Europeu e do Conselho.

NOTA:

O preceito foi aditado pelo art.º 7.º da Lei n.º 7/2021, de 26 de fevereiro. O preceito surge em consequência da publicação Regulamento (UE) 2017/821 do Parlamento Europeu e do Conselho, de 17 maio de 2017 que estabelece um sistema da União sobre o dever de diligência na cadeia de aprovisionamento («sistema da União»), a fim de reduzir as oportunidades de exploração do comércio de estanho, de tântalo e de tungsténio, dos seus minérios, e de ouro, pelos grupos armados e pelas forças de segurança.

CAPÍTULO II – Contra-ordenações fiscais

Artigo 113.º – Recusa de entrega, exibição ou apresentação de escrita e de documentos fiscalmente relevantes

1 – Quem dolosamente recusar a entrega, a exibição ou apresentação de escrita, de contabilidade ou de documentos fiscalmente relevantes a funcionário competente, quando os factos não constituam fraude fiscal, é punido com coima de € 375 a € 75000.

2 – Quando a administração tributária deva fixar previamente prazo para a entrega, exibição ou apresentação de escrita, de contabilidade e de documentos fiscalmente relevantes a funcionário competente, a infracção só se considera consumada no termo desse prazo.

3 – Considera-se recusada a entrega, exibição ou apresentação de escrita, de contabilidade ou de documentos fiscalmente relevantes quando o agente não permita o livre acesso ou a utilização pelos funcionários competentes dos locais sujeitos a fiscalização de agentes da administração tributária, nos termos da lei.

4 – Para efeitos dos números anteriores, consideram-se documentos fiscalmente relevantes os livros, demais documentos e respectivas versões electrónicas, indispensáveis ao apuramento e fiscalização da situação tributária do contribuinte.

NOTAS:

1. O n.º 1 do preceito tem a redação da Lei n.º 64-B/2011, de 30 de dezembro.
2. O n.º 2 tem a redação dada pela Lei n.º 60-A/2005, de 30 de dezembro.

Artigo 114.º – Falta de entrega da prestação tributária

1 – A não entrega, total ou parcial, pelo período até 90 dias, ou por período superior, desde que os factos não constituam crime, ao credor tributário, da prestação tributária deduzida nos termos da lei é punível com coima variável entre o valor da prestação em falta e o seu dobro, sem que possa ultrapassar o limite máximo abstractamente estabelecido.

2 – Se a conduta prevista no número anterior for imputável a título de negligência, e ainda que o período da não entrega ultrapasse os 90 dias, será aplicável coima variável entre 15% e metade do imposto em falta, sem que possa ultrapassar o limite máximo abstractamente estabelecido.

3 – Para os efeitos do disposto nos números anteriores considera-se também prestação tributária a que foi deduzida por conta daquela, bem como aquela que, tendo sido recebida, haja obrigação legal de liquidar nos casos em que a lei o preveja.

4 – As coimas previstas nos números anteriores são também aplicáveis em qualquer caso de não entrega, dolosa ou negligente, da prestação tributária que, embora não tenha sido deduzida, o devesse ser nos termos da lei.

5 – Para efeitos contra-ordenacionais são puníveis como falta de entrega da prestação tributária:

a) A falta de liquidação, liquidação inferior à devida ou liquidação indevida de imposto em factura ou documento equivalente, a falta de entrega, total ou parcial, ao credor tributário do imposto devido que tenha sido liquidado ou que devesse ter sido liquidado em factura ou documento equivalente, ou a sua menção, dedução ou rectificação sem observância dos termos legais;

b) A falta de pedido de liquidação do imposto que deva preceder a alienação ou aquisição de bens;

c) A falta de pedido de liquidação do imposto que deva ter lugar em prazo posterior à aquisição de bens;

d) A alienação de quaisquer bens ou o pedido de levantamento, registo, depósito ou pagamento de valores ou títulos que devam ser precedidos do pagamento de impostos;

e) A falta de liquidação, do pagamento ou da entrega nos cofres do Estado do imposto que recaia autonomamente sobre documentos, livros, papéis e actos;

f) A falta de pagamento, total ou parcial, da prestação tributária devida a título de pagamento por conta do imposto devido a final, incluindo as situações de pagamento especial por conta.

6 – O pagamento do imposto por forma diferente da legalmente prevista é punível com coima de € 75 a € 2 000.

NOTAS:

1. Os n.ºs 2 e 6 do preceito têm a redação da Lei n.º 64-B/2011, de 30 de dezembro.

2. A alínea a) do n.º 5 tem a redação da Lei n.º 64-A/2008, de 31 de dezembro.

Artigo 115.º – Violação de segredo fiscal

A revelação ou aproveitamento de segredo fiscal de que se tenha conhecimento no exercício das respectivas funções ou por causa delas, quando devidos a negligência, é punível com coima de € 75 a € 1 500.

NOTA:

O preceito tem a redação da Lei n.º 64-B/2011, de 30 de dezembro.

Artigo 116.º – Falta ou atraso de declarações

1 – A falta de declarações que para efeitos fiscais devem ser apresentadas a fim de que a administração tributária especificamente determine, avalie ou comprove a matéria colectável, bem como a respectiva prestação fora do prazo legal, é punível com coima de € 150 a € 3 750.

2 – Para efeitos deste artigo, são equiparadas às declarações referidas no número anterior as declarações que o contribuinte periodicamente deva efectuar para efeitos estatísticos ou similares.

3 – O disposto no n.º 1 não é aplicável quando o sujeito passivo, no ano a que respeita a declaração de rendimentos, esteja abrangido por uma das situações de dispensa de declaração previstas no artigo 58.º do Código do IRS.

4 – Quando a infração prevista no n.º 1 diga respeito à falta de apresentação ou apresentação fora do prazo legal da declaração a que se referem os n.os 2, 4, 5, 6 e 7 do artigo 63.º-A da lei geral tributária, aprovada pelo Decreto-Lei n.º 398/98, de 17 de dezembro, é punível com coima de € 3000 a € 165 000.

5 – Quando a infração prevista no n.º 1 diga respeito a falta de apresentação ou apresentação fora do prazo legal do mapa plurianual das perdas por imparidade para risco específico de crédito a incluir no processo de documentação fiscal, a que se refere o artigo 130.º do Código do IRC, é punível com coima de 375 € a 22 500 €.

NOTAS:

1. O n.º 2 do preceito tem a redação da Lei n.º 64-B/2011, de 30 de dezembro.
2. A Lei n.º 82-E/2014, de 31 de dezembro, veio aditar um n.º 3 ao preceito.
3. O n.º 4 do preceito foi aditado pela Lei n.º 114/2017 de 29 de dezembro (LOE 2018), e veio agravar os limites abstratos do n.º 1 para os casos das informações relativas a operações financeiras, a que alude o art.º 63.º-A da LGT. Posteriormente foi alterado pela Lei n.º 71/2018, de 31-12 que subiu substancialmente os limites abstratos de € 250 a € 5000, para € 3000 a € 165000. O n.º 4 do preceito foi alterado pela Lei n.º 119/2019, de 18 de setembro e o n.º 5 do preceito foi aditado pela lei n.º 98/2019, de 4 de setembro.

Artigo 117.º – Falta ou atraso na apresentação ou exibição de documentos ou de declarações e de comunicações

1 – A falta ou atraso na apresentação ou a não exibição, imediata ou no prazo que a lei ou a administração tributária fixarem, de declarações ou documentos comprovativos dos factos, valores ou situações constantes das declarações, documentos de transporte ou outros que legalmente os possam substituir, comunicações, guias, registos, ainda que magnéticos, ou outros documentos e a não prestação de informações ou esclarecimentos que autonomamente devam ser legal ou administrativamente exigidos são puníveis com coima de € 150 a € 3 750.

2 – A falta de apresentação, ou a apresentação fora do prazo legal, das declarações de início, alteração ou cessação de actividade, das declarações autónomas de cessação ou alteração dos pressupostos de benefícios fiscais e das declarações para inscrição em registos que a administração fiscal deva possuir de valores patrimoniais é punível com coima de € 300 a € 7 500.

3 – A falta de exibição pública dos dísticos ou outros elementos comprovativos do pagamento do imposto que seja exigido é punível com coima de € 35 a € 750.

4 – A falta de apresentação ou apresentação fora do prazo legal das declarações ou fichas para inscrição ou actualização de elementos do número fiscal de contribuinte das pessoas singulares é punível com coima de € 75 a € 375.

5 – (Revogado)

6 – A falta de apresentação da documentação respeitante à política adotada em matéria de preços de transferência, bem como a falta de apresentação, no prazo legalmente previsto, da declaração de comunicação da identificação da entidade declarante ou da declaração financeira e fiscal por país relativa às entidades de um grupo multinacional, é punível com coima € 500 a € 10 000, acrescida de 5 % por cada dia de atraso no cumprimento das presentes obrigações.

7 – A falta de apresentação no prazo que a administração tributária fixar dos elementos referidos no n.º 9 do artigo 66.º do Código do IRC é punível com coima de € 500 a € 10 000.

8 – A falta de apresentação ou a apresentação fora do prazo legal das declarações previstas nas alíneas *b*) e *d*) do n.º 7 do artigo 69.º do Código do IRC é punível com coima de € 500 a € 22 500.

9 – Quando a infração prevista no n.º 1 diga respeito às comunicações exigidas nos artigos 3.º e 3.º-A do Decreto-Lei n.º 198/2012, de 24 de agosto, alterado pela Lei n.º 66-B/2012, de 31 de dezembro, e pelo Decreto-Lei n.º 71/2013, de 30 de maio, a mesma constitui contraordenação grave, punível com coima de € 200 a € 10 000.

10 – A falta de apresentação ou apresentação fora do prazo legal da declaração de registo e da comunicação à administração tributária, da informação a que as instituições financeiras reportantes se encontram obrigadas a prestar por força do disposto no Decreto-Lei n.º 61/2013, de 10 de maio, ou no regime de comunicação obrigatória previsto no artigo 10.º-A do Decreto-Lei n.º 64/2016, de 11 de outubro, ambos na sua redação atual, no prazo que legalmente seja fixado, é punível com coima de € 500 a € 22 500.

NOTAS:

1. A Lei n.º 64-B/2012, de 31 de dezembro (Lei de Orçamento para 2013), veio aditar um n.º 5 e renumerar os n.ºs 5 e 6, para 6 e 7 respetivamente. O n.º 6 tinha sido alterado pela Lei n.º 20/2012, de 14 de maio (Primeira alteração à Lei n.º 64 -B/2011, de 30 de dezembro – Orçamento do Estado para 2012 – no âmbito da iniciativa para o reforço da estabilidade financeira.

2. Os n.ºs 1 e 6 foram alterados pela Lei n.º 119/2019, de 18 de setembro.

3. O n.º 5 foi revogado pela Lei n.º 71/2018, de 31 de dezembro. Nos termos do art.º 299.º desta Lei *a despenalização resultante do número 2 é também aplicável aos sujeitos passivos que, voluntariamente e não tendo apresentado defesa, tenham procedido ao pagamento da coima por falta de comunicação da adesão à caixa postal eletrónica nos termos do n.º 12 do artigo 19.º da LGT.*

4. O n.º 8 foi alterado pela Lei n.º 82-B/2014, de 31 de dezembro (Lei de Orçamento para 2015), que adita também um n.º 9.

5. O n.º 10 foi aditado pelo Decreto-lei n.º 64/2016, de 11 de outubro, retificado pela Lei n.º 98/2017, de 24 de agosto e alterado pela Lei n.º 17/2019, de 14.02.

Artigo 118.º – Falsificação, viciação e alteração de documentos fiscalmente relevantes

1 – Quem dolosamente falsificar, viciar, ocultar, destruir ou danificar elementos fiscalmente relevantes, quando não deva ser punido pelo crime

de fraude fiscal, é punido com coima variável entre € 750 e o triplo do imposto que deixou de ser liquidado, até € 37 500.

2 – Quem utilizar, alterar ou viciar programas, dados ou suportes informáticos, necessários ao apuramento e fiscalização da situação tributária do contribuinte, com o objectivo de obter vantagens patrimoniais susceptíveis de causarem diminuição das receitas tributárias, é punido com coima variável entre € 750 e o triplo do imposto que deixou de ser liquidado, até € 37 500.

3 – No caso de não haver imposto a liquidar, os limites das coimas previstas nos números anteriores são reduzidos a metade.

NOTAS:

1. O n.º 11 do artigo 15.º-N do Decreto-Lei n.º 287/2003, de 12 de novembro, na redação dada pela Lei n.º 12/2022 de 27 de junho (LO2022), consagra uma infração nos seguintes termos:

> (...)
> *"11 – A falsificação, viciação e alteração dos elementos comprovativos ou as omissões ou inexatidões da participação prevista no n.º 3, quando não devam ser punidas pelo crime de fraude fiscal, constituem contraordenação punível nos termos do artigo 118.º ou 119.º do Regime Geral das Infrações Tributárias, aprovado pela Lei n.º 15/2001, de 5 de junho."*

2. Os n.ºs 1 e 2 do preceito têm a redação da Lei n.º 64-B/2011, de 30 de dezembro.
3. O n.º 3 tem a redação dada pela Lei n.º 60-A/2005, de 30 de dezembro.

Artigo 119.º – Omissões e inexactidões nas declarações ou em outros documentos fiscalmente relevantes

1 – As omissões ou inexatidões relativas à situação tributária que não constituam fraude fiscal nem contraordenação prevista no artigo anterior, praticadas nas declarações e comunicações, bem como nos documentos comprovativos dos factos, valores ou situações delas constantes, incluindo as praticadas nos livros de contabilidade e escrituração, nos documentos de transporte ou outros que legalmente os possam substituir, comunicações, guias, registos, ainda que em formato digital, ou noutros documentos fiscalmente relevantes que devam ser mantidos, apresentados ou exibidos, são puníveis com coima de € 375 a € 22 500.

2 – No caso de não haver imposto a liquidar, os limites das coimas previstas no número anterior são reduzidos a um quarto.

3 – Para efeitos do n.º 1 são consideradas declarações as referidas no n.º 1 do artigo 116.º e no n.º 2 do artigo 117.º, e são consideradas comunicações as referidas no n.º 9 do artigo 117.º

4 – As inexactidões ou omissões praticadas nas declarações ou fichas para inscrição ou actualização de elementos do número fiscal de contribuinte das pessoas singulares são puníveis com coima entre € 35 e € 750.

5 – Às omissões ou inexatidões relativas à situação tributária nas declarações a que se referem os n.ºs 2 e 3 do artigo 58.º-A do Código do IRS, que não constituam fraude fiscal nem contraordenação prevista no artigo anterior, é aplicável a coima prevista no n.º 1 do artigo 117.º

6 – Não é aplicada a coima prevista no número anterior se estiver regularizada a falta cometida e a mesma revelar um diminuto grau de culpa, o que se presume quando as inexatidões se refiram ao montante de rendimentos comunicados por substituto tributário.

7 – As omissões ou inexatidões relativas à declaração a que se referem os n.ºs 2, 4, 5, 6 e 7 do artigo 63.º-A da lei geral tributária são puníveis com coima prevista no n.º 4 do artigo 116.º

8 – As omissões ou inexatidões relativas ao mapa plurianual das perdas por imparidade para risco específico de crédito a incluir no processo de documentação fiscal, a que se refere o artigo 130.º do Código do IRC, são puníveis com coima prevista no n.º 5 do artigo 116.º

NOTAS:

1. Os n.ºs 1 e 3 e 7 têm a Redação da Lei n.º 119/2019, de 18 de setembro.

2. Os n.ºs 5 e 6 foram aditados pela Lei n.º 42/2016, de 28 de dezembro (LOE 2017).

3. O n.º 7 foi aditado pela Lei n.º 71/2018, de 31-12 (LOE 2019) e alterado pela Lei n.º 119/2019, de 18 de setembro.

4. O n.º 8 do preceito foi aditado pela Lei n.º 98/2019, de 4 de setembro.

5. O n.º 11 do artigo 15.º-N do Decreto-Lei n.º 287/2003, de 12 de novembro, na redação dada pela Lei n.º 12/2022 de 27 de junho (LO2022), consagra uma infração nos seguintes termos:

(...)

"11 – A falsificação, viciação e alteração dos elementos comprovativos ou as omissões ou inexatidões da participação prevista no n.º 3, quando não devam ser punidas pelo crime de fraude

fiscal, constituem contraordenação punível nos termos do artigo 118.º ou 119.º do Regime Geral das Infrações Tributárias, aprovado pela Lei n.º 15/2001, de 5 de junho."

Artigo 119.º-A – Omissões ou inexactidões nos pedidos de informação vinculativa

1 – As omissões ou inexactidões relativas aos actos, factos ou documentos relevantes para a apreciação de pedidos de informação vinculativa, prestadas com carácter de urgência, apresentados nos termos do artigo 68.º da lei geral tributária, são puníveis com coima de € 375 a € 22 500.

2 – Os limites previstos no número anterior são reduzidos para um quarto no caso de pedidos de informação vinculativa não previstos no número anterior.

NOTA:

O preceito foi aditado pela Lei n.º 64-B/2011, de 30 de dezembro (Lei de Orçamento para 2012) e tem por objetivo punir as situações em que existam omissões ou inexatidões relativas aos atos, factos ou documentos relevantes para a apreciação de pedidos de informação vinculativa, prestadas com carácter de urgência, apresentados nos termos do artigo 68.º da Lei Geral Tributária.

Artigo 119.º-B – Incumprimento das regras de comunicação e diligência devida a aplicar pelas instituições financeiras

1 – As omissões ou inexatidões nas informações comunicadas pelas instituições financeiras reportantes, nos termos do Decreto-Lei n.º 61/2013, de 10 de maio, ou do regime de comunicação obrigatória previsto no artigo 10.º-A do Decreto-Lei n.º 64/2016, de 11 de outubro, ambos na sua redação atual, são puníveis com coima de 250 € a 11 250 €.

2 – O incumprimento dos procedimentos de diligência devida, de registo e conservação dos documentos destinados a comprovar o respetivo cumprimento pelas instituições financeiras reportantes, nos termos do Decreto-Lei n.º 61/2013, de 10 de maio, ou do regime de comunicação obrigatória previsto no artigo 10.º-A do Decreto-Lei n.º 64/2016, de 11 de outubro, ambos na sua redação atual são puníveis com coima de 250 € a 11 250 €

NOTA:

O preceito foi aditado pelo Decreto-lei n.º 64/2016, de 11 de outubro, foi retificado pela Lei n.º 98/2017, de 24 de agosto e alterado pela Lei n.º 17/2019, de 14 de fevereiro.

Artigo 120.º – Inexistência de contabilidade ou de livros fiscalmente relevantes

1 – A inexistência de contabilidade organizada ou de livros de escrituração e do modelo de exportação de ficheiros, obrigatórios por força da lei, bem como de registos e documentos com eles relacionados, qualquer que seja a respetiva natureza, é punível com coima entre € 225 e € 22 500.

2 – Verificada a inexistência de escrita, independentemente do procedimento para aplicação da coima prevista nos números anteriores, é notificado o contribuinte para proceder à sua organização num prazo a designar, que não pode ser superior a 30 dias, com a cominação de que, se o não fizer, fica sujeito à coima do artigo 113.º

NOTA:

O n.º 1 deste artigo foi alterado pela Lei n.º 67-A/2007, de 31-12, tendo-se acrescentado ao preceito a referência ao *modelo de exportação de ficheiros* e posteriormente passou a ter a redação da Lei n.º 64-B/2011, de 30 de dezembro. O n.º 1 voltou a ser alterado pela Lei n.º 42/2016, de 28 de dezembro (LOE 2017).

Artigo 121.º – Não organização da contabilidade de harmonia com as regras de normalização contabilística e atrasos na sua execução

1 – A não organização da contabilidade de harmonia com as regras de normalização contabilística, quando não seja punida como crime ou como contraordenação mais grave, é punível com coima de € 500 a € 10 000.

2 – O atraso na execução da contabilidade, na escrituração de livros ou na elaboração de outros elementos de escrita, ou de registos, por período superior ao previsto na lei fiscal, quando não seja punida como crime ou como contraordenação mais grave, é punível com coima de € 250 a € 5 000.

3 – A produção pelo sujeito passivo do ficheiro normalizado de exportação de dados sem observância do modelo de estrutura de dados legalmente previsto é punível com coima de € 250 a € 5 000.

4 – Verificado o atraso, independentemente do procedimento para a aplicação da coima prevista nos números anteriores, o contribuinte é notificado para regularizar a escrita em prazo a designar, que não pode ser superior a 30 dias, com a cominação que, se não o fizer, é punido com a coima do artigo 113.º

5 – As infrações previstas nos n.ºs 1, 2 e 3 constituem contraordenações graves.

NOTA:

O preceito tem a redação da Lei n.º 114/2017 de 29 de dezembro (LOE 2018), que renumera o anterior n.º 2 em novo n.º 4 e tipifica novas infrações, tendo em vista autonomizar as situações de desrespeito pela normalização contabilística do atraso na execução da contabilidade. Incrementar a penalização mínima pelo desrespeito pela normalização contabilística e baixar o limite máximo pelo atraso. Esta alteração visa trazer maior responsabilidade a quem executa a contabilidade, sendo certo que esta é o ponto de partida para parte significativa da tributação. Já no que atende ao n.º 3 esta alteração visa aditar um novo número ao artigo 121.º do RGIT, de forma a acautelar a obrigatoriedade de o ficheiro SAF-T (PT) produzido observar a estrutura de dados do ficheiro modelo de auditoria tributária, em consonância com a lógica subjacente ao regime jurídico aplicável [Portaria n.º 321-A/2007, na sua redação atual, conferida pela Portaria nº 302/2016, de 2 de dezembro], importava sancionar as possíveis omissões e inexatidões do ficheiro SAF-T(PT), e nessa medida, urgia prever e punir esta conduta com norma expressa no RGIT.

Artigo 122.º – Falta de apresentação, antes da respectiva utilização, dos livros de escrituração

1 – A falta de apresentação, no prazo legal e antes da respectiva utilização, de livros, registos ou outros documentos relacionados com a contabilidade ou exigidos na lei é punível com coima de € 75 a € 750.

2 – A mesma sanção é aplicável à não conservação, pelo prazo estabelecido na lei fiscal, dos documentos mencionados no número anterior.

NOTA:

O n.º 1 do preceito tem a redação da Lei n.º 64-B/2011, de 30 de dezembro.

Artigo 123.º – Violação do dever de emitir ou exigir recibos ou facturas

1 – A não passagem de recibos ou facturas ou a sua emissão fora dos prazos legais, nos casos em que a lei o exija, é punível com coima de € 150 a € 3750.

2 – A não exigência, nos termos da lei, de passagem ou emissão de facturas ou recibos, ou a sua não conservação pelo período de tempo nela previsto, é punível com coima de € 75 a € 2 000.

NOTA:

O preceito tem a redação da Lei n.º 64-B/2011, de 30 de dezembro.

Artigo 124.º – Falta de designação de representantes

1 – A falta de designação de uma pessoa com residência, sede ou direção efetiva em território nacional para representar, perante a administração tributária, as entidades não residentes neste território, bem como as que, embora residentes, se ausentem do território nacional por período superior a seis meses, no que respeita a obrigações emergentes da relação jurídico-tributária, quando obrigatória, bem como a designação que omita a aceitação expressa pelo representante, é punível com coima de € 75 a € 7 500.

2 – O representante fiscal do não residente, quando pessoa diferente do gestor de bens ou direitos, que, sempre que solicitado, não obtiver ou não apresentar à administração tributária a identificação do gestor de bens ou direitos é punível com coima de € 75 a € 3 750.

NOTAS:

1. O n.º 1 tem a redação do Decreto-lei n.º 93/2017, de 01 de agosto.
2. O n.º 2 do preceito tem a redação da Lei n.º 64-B/2011, de 30 de dezembro.

Artigo 125.º – Pagamento indevido de rendimentos

1 – O pagamento ou colocação à disposição dos respectivos titulares de rendimentos sujeitos a imposto, com cobrança mediante o sistema de

retenção na fonte, sem que aqueles façam a comprovação do seu número fiscal de contribuinte, é punível com coima entre € 35 e € 750.

2 – A falta de retenção na fonte relativa a rendimentos sujeitos a esta obrigação, quando se verifiquem os pressupostos legais para a sua dispensa total ou parcial mas sem que, no prazo legalmente previsto, tenha sido apresentada a respectiva prova, é punível com coima de € 375 a € 3 750.

NOTA:

O n.º 1 do preceito tem a redação da Lei n.º 64-B/2011, de 30 de dezembro.

Artigo 125.º-A – Pagamento ou colocação à disposição de rendimentos ou ganhos conferidos por ou associados a valor mobiliários

O pagamento ou colocação à disposição de rendimentos ou ganhos conferidos ou associados a valores mobiliários, quando a aquisição destes tenha sido realizada sem a intervenção das entidades referidas nos artigos 123.º e 124.º do Código do IRS, e previamente não tenha sido feita prova perante as entidades que intervenham no respectivo pagamento ou colocação à disposição da apresentação da declaração a que se refere o artigo 138.º do Código do IRS, é punível com coima de € 375 a € 37 500.

NOTA:

O preceito foi aditado pela Lei nº 109-B/2001, de 27 de dezembro e tem a redação da Lei n.º 64-B/2011, de 30 de dezembro.

Artigo 125.º- B – Inexistência de prova da apresentação da declaração de aquisição e alienação de acções e outros valores mobiliários ou da intervenção de entidades relevantes

A inexistência de prova, de que foi apresentada a declaração a que se refere o artigo 138.º do Código do IRS, perante as entidades referidas no n.º 3 do mesmo artigo, ou que a aquisição das acções ou valores mobiliários foi realizada com a intervenção das entidades referidas nos artigos 123.º e 124.º desse Código, é punível com coima de € 375 a € 37 500.

NOTA:

O preceito tem a redação da Lei n.º 64-B/2011, de 30 de dezembro.

Artigo 126.º – Transferência para o estrangeiro de rendimentos sujeitos a tributação

A transferência para o estrangeiro de rendimentos sujeitos a imposto, obtidos em território português por entidades não residentes, sem que se mostre pago ou assegurado o imposto que for devido, é punível com coima de € 375 a € 37 500.

NOTA:

O preceito foi aditado pela Lei nº 109-B/2001, de 27 de dezembro e tem a redação da Lei n.º 64-B/2011, de 30 de dezembro.

Artigo 127.º – Impressão de documentos por tipografias não autorizadas

1 – A impressão de documentos fiscalmente relevantes por pessoas ou entidades não autorizadas para o efeito, sempre que a lei o exija, bem como a sua aquisição, é punível com coima de € 750 a € 37 500.

2 – O fornecimento de documentos fiscalmente relevantes por pessoas ou entidades autorizadas sem observância das formalidades legais, bem como a sua aquisição ou utilização, é punível com coima de € 750 a € 37 500.

NOTA:

O n.º 1 do preceito tem a redação da Lei n.º 64-B/2011, de 30 de dezembro.

Artigo 128.º – Falsidade informática e software certificado

1 – Quem criar, ceder ou transaccionar programas informáticos, concebidos com o objectivo de impedir ou alterar o apuramento da situação tributária do contribuinte, quando não deva ser punido como crime, é punido com coima variável entre € 3750 e € 37 500.

2 – A falta de utilização de programas ou equipamentos informáticos de faturação certificados, nos termos legalmente previstos, é punida com coima variável entre € 1 500 e € 18 750.

3 – A transação ou a utilização de programas ou equipamentos informáticos de faturação ou de contabilidade que não observem os requisitos legalmente exigidos é punida com coima variável entre € 1 500 e € 18 750.

NOTAS:

1. O preceito foi aditado pela Lei n.º 60-A/2005, de 30 de dezembro.

2. Os n.º 2 e 3 passaram a ter a redação dada pelo do art.º 6.º da Lei n.º 7/2021, de 26 de fevereiro.

Artigo 129.º – Violação da obrigação de possuir e movimentar contas bancárias e de transações em numerário

1 – A falta de conta bancária nos casos legalmente previstos é punível com coima de € 270 a € 27 000.

2 – A falta de realização através de conta bancária de movimentos nos casos legalmente previstos é punível com coima de € 180 a € 4500.

3 – A realização de transações em numerário que excedam os limites legalmente previstos é punível com coima de 180 € a 4500 €, salvo se constituir contraordenação praticada por entidade obrigada nos termos da legislação aplicável em matéria de prevenção e combate ao branqueamento de capitais e ao financiamento do terrorismo.

NOTAS:

1. O preceito foi aditado pela Lei n.º 53-A/2006, de 29 de dezembro. Os n.ºs 1 e 2 têm a redação da Lei n.º 64-B/2011, de 30 de dezembro.

2. O n.º 3 tem a redação da Lei n.º 58/2020, de 31 de agosto. Esta Lei transpõe a Diretiva (UE) 2018/843 do Parlamento Europeu e do Conselho, de 30 de maio de 2018, que altera a Diretiva (UE) 2015/849 relativa à prevenção da utilização do sistema financeiro para efeitos de branqueamento de capitais ou de financiamento do terrorismo e a Diretiva (UE) 2018/1673 do Parlamento Europeu e do Conselho, de 23 de outubro de 2018, relativa ao combate ao branqueamento de capitais através do direito penal, alterando diversas leis e a Diretiva (UE) 2018/843 do Parlamento Europeu e do Conselho, de 30 de maio de 2018, que altera a Diretiva (UE) 2015/849 relativa à prevenção da utilização do sistema financeiro para efeitos de branqueamento de capitais ou de financiamento do terrorismo e a Diretiva (UE) 2018/1673 do Parlamento Europeu e do Conselho, de 23 de outubro de 2018, relativa ao combate ao branqueamento de capitais através do direito penal, alterando diversas leis.

3. A Lei n.º 92/2017, produz efeitos relativamente aos pagamentos realizados após a sua entrada em vigor, ainda que as transações que lhe deram origem sejam anteriores (n.º 2 do art.º 5.º). Esta lei alterou a epígrafe do preceito.

ÍNDICE ALFABÉTICO

A

Admoestação: Ver artigos 51.º da LQCO e 60.º do CP.

Advogado: Ver artigos 53.º, 67.º e 68.º da LQCO, e artigos 62.º a 67.º, 116.º, 330.º e 442.º (Falta), 113.º (Notificações) do CPP, e L n.º 15/2005, de 26-1, que aprova o Estatuto da Ordem dos Advogados, alterada pelo DL n.º 226/2008, de 20-11, e pela L n.º 12/2010, de 25-6.

Agentes da infração: Ver artigos 16.º e 28.º do RGIT.

Alteração não substancial dos factos descritos na acusação ou na pronúncia: Artigo 358.º do CPP.

Âmbito de aplicação: Ver artigo 1.º do RGIT.

Âmbito do processo de contraordenação tributária: Ver artigo 51.º do RGIT.

Antecipação do pagamento da coima: Ver artigo 75.º do RGIT.

Aplicação da coima pelo dirigente do serviço tributário e outras entidades: Ver artigo 76.º do RGIT.

Aplicação de regras de conduta: Ver artigo 102.º do CP.

Aplicação no espaço: Ver artigos 4.º do RGIT, 5.º da CRP, 4.º do e 6.º do CPP.

Apreensão de bens: Artigos 18.º, n.º 6 (Perda de mercadoria objeto de crime), 19.º, n.º 3 (Perda de meios de transporte), 38.º, n.º 3 (Depósito de instrumentos do crime), 39.º, n.º 2 (Outras formas de depósito), 73.º (Apreensão de bens), 98.º, n.º 1 (Violação de garantias aduaneiras) e 99.º, n.º 1 (Quebra de marcas e selos) do RGIT. Ver também artigos 48.º-A e 83.º a 87.º da LQCO e artigos 178.º a 186.º e 252.º do CPP. Ver ainda artigos 87.º e 113.º (álcool, bebidas alcoólicas e tabaco) do CIEC e 31.º n.º 3 e 37.º n.º 4 do CISV e 108.º, 124.º, 198.º do CAU, 90.º do RD-CAU e 250.º do RE-CAU . Ver ainda artigos 94.º do DL n.º 252A/82, de 28-6, e 363.º, 7.º do ReA.

Apresentação, descarga e verificação das mercadorias: Ver artigos 5.º n.º 33, 139.º a 143.º do CAU e 190.º do RE-CAU.

Apresentação de defesa do arguido: Ver artigos 70.º e 71.º do RGIT.

Apresentação de documentos: Ver artigos 188.º, alínea *a)*, 198.º, alínea *ab)*, ii), 166.º, n.º 1 e 173.º do CAU. Ver artigos 31.º, n.º 2, e 88.º, alínea *b)* (Recusa de), da LGT.

Apresentação de mercadorias às Alfândegas: Ver artigos 5.º, n.º 33 (Noção), 139.º a 143. do CAU; artigos 183.º e 184.º e 190.º do RE-CAU, 127.º a 132.º do CAU, 104.º a 113.º do RD-CAU e 182.º a 188.º do RE-CAU (Declaração sumária de entrada); 189.º e 190.º do CAU e 238 a 242.º do RE-CAU (Extração de amostras).

Aquisição da notícia do crime: Ver artigo 35.º do RGIT.

Aquisição de mercadorias objeto de infração aduaneira: Ver artigo 112.º do RGIT.

Arguido: Ver artigos 57.º e segs. do CPP.

Autoridade Tributária e Aduaneira (AT): Ver Decreto-lei n.º 118/2011, de 15 de dezembro e Portarias n.ºs 320-A/2011, de 30 de dezembro e 155/2018, de 29 de maio (estrutura nuclear da AT).
Autoridades competentes em processo criminal: Ver artigos 38.º e 40.º da LQCO.
Autuação dos documentos: Ver artigo 68.º do RGIT.
Auxílio material comum: Ver artigo 232.º do CP.
Auxílio material: Ver artigo 101.º do RGIT.

B

Base do processo de contraordenação tributária: Ver artigo 56.º do RGIT.
Benefícios fiscais: No âmbito dos impostos diretos (IRS, IRC e CA). Ver Dec. Lei n.º 215/89, de 1-7 – Estatuto dos Benefícios Fiscais, com inúmeras alterações posteriores; artigos 10.º, 14.º, 57.º e 65.º do CPPT e 14.º 36.º, n.º 5, 37.º, 54.º, n.º 1, alínea *d)*, 59.º, n.º 3, alínea *i)*, 60.º, n.º 1, alínea *c)*, 68.º e 95.º, n.º 2, alínea *f)* da LGT. Ver quanto ao direito aduaneiro, entre outros artigos 51.º n.º 1, 56.º, 78.º, 79.º, 86.º, 124.º, 203.º n.º 3, 254.º, 259.º, 269.º do CAU e 150.º, 239.º, 245.º n.º 1 al. n) do RD-CAU.
Bens em circulação: Ver art.º 11.º al. e) do RGIT e DL n.º 147/2003 de 11-07.
Burla comum: Ver artigos 217.º (Simples), 221.º (Informática e nas comunicações) e 220.º (Para a obtenção a trabalho ou emprego) do CP.
Burla informática: Ver artigo 221.º do CP.
Burla relativa a bebidas: Ver artigo 220.º do CP.
Burla tributária: Ver artigo 87.º do RGIT.

C

Caducidade da dívida aduaneira: Ver artigo 103.º do CAU.
Caducidade da prestação tributária: Ver artigos 45.º, 46.ºe 48.º e 49.º (interrupção) da LGT.
Cartão eletrónico: Ver artigo 93.º, n.ºs 5 e 9, do CIEC.
Caso julgado das sentenças de impugnação e de oposição: Ver artigos 48.º e 64.º do RGIT.
Caso julgado: Artigo 84.º do CPP.
Cassação de licenças ou concessões e suspensão de autorizações: Ver artigo 28.º, n.º 1 al. f) do RGIT.
Caso julgado: Ver artigos 84.º e 467.º do CPP.

meios de coordenação e preparação da execução das medidas de combate à corrupção aprovadas pelo Parlamento na sua reunião plenária de 22-7-2010. Resolução da Assembleia da República n.º 91/2010, de 10-8-2010, tomada de medidas destinadas ao reforço da prevenção e do combate à corrupção. L n.º 109/2009, de 15-9-2009, que aprova a Lei do Cibercrime, transpondo para a ordem jurídica interna a Decisão Quadro n.º 2005/222/JAI, do Conselho, de 24-2, relativa a ataques contra sistemas de informação, e adapta o direito interno à Convenção sobre Cibercrime do Conselho da Europa. L. n.º 20/2008, de 21-4-2008, que cria o novo regime penal de corrupção no comércio internacional e no sector privado, dando cumprimento à Decisão Quadro n.º 2003/568/JAI, do Conselho, de 22-7. L. n.º 19/2008, de 21-4-2008, que aprova medidas de combate à corrupção e procede à primeira alteração à L. n.º 5/2002, de 11-1, à décima sétima alteração à lei geral tributária e à terceira alteração à L. n.º 4/83, de 2-4. L n.º 5/2002, de 11-1-2002, de combate à criminalidade organizada e económico-financeira e procede à segunda alteração à L n.º 36/94. L. n.º 36/94, de 29-9-1994, de combate à corrupção e criminalidade económica e financeira. DL n.º 28/84, de 20-1-1984, põe em vigor o regime em matéria de infrações antieconómicas e contra a saúde pública.

Culpa: Ver artigo e 29.º do CP.

Cumplicidade: Ver artigo 27.º do CP.

Custas: Ver artigo 66.º do RGIT. Ver também DL n.º 29/98, de 11-2, que aprovou o Regulamento das Custas e Emolumentos dos Processos Tributários (revogado pelo DL n.º 324/2003, de 27-12. Veja-se ainda o teor da Portaria n.º 1418/2003, de 30-12). Ver também Regulamento das Custas Processuais.

D

Da iniciativa e da instrução: Ver artigo 54.º da LQCO.

Da polícia e dos agentes de fiscalização: Ver artigo 48.º da LQCO.

Dados pessoais na investigação criminal: Ver Lei n.º 59/2019, de 2019-08-08, que aprova as regras relativas ao tratamento de dados pessoais para efeitos de prevenção, deteção, investigação ou repressão de infrações penais ou de execução de sanções penais, transpondo a Diretiva (UE) 2016/680 do Parlamento Europeu e do Conselho, de 27 de abril de 2016.

Decisão de aplicação de coima: Ver artigos 79.º do RGIT, 58.º da LQCO e 97.º do CPP.

Decisão do ministério público: Ver artigo 43.º do RGIT.

ticas das empresas), 117.º (Centralização da contabilidade ou da escrituração) e ainda artigos 116.º, 118.º a 127.º, todos CIRC. Ver também artigos 112.º a 130.º (Obrigações declarativas acessórias), do CIRS, artigos 28.º a 52.º e 62.º, 69.º e 70.º (Obrigações declarativas acessórias e outras), do CIVA e artigos 32.º, 63.º, 63.º-A, 63.º-B, 64.º e 99.º da LGT.

Dever de sigilo: Ver artigo 12.º do CAU e 64.º da LGT.

Dever de testemunhar: Ver artigo 131.º do CPP.

Dinheiro líquido: Ver Regulamento (UE) 2018/1672 do Parlamento Europeu e do Conselho, de 23.10.2018 e DL n.º 61/2007 de 14.3. Ver ainda Circulares n.ºs 6/2007 e 8/2007, da Série III da ex-DGAIEC. Controlo relativo às somas em dinheiro líquido que entram e saem do território nacional, no âmbito da luta contra o terrorismo e o branqueamento de capitais.

Direção da instrução: Artigos 69.º do RGIT e 71.º da LGT.

Direção da investigação criminal: Ver artigo 2.º da Lei n.º 49/2008, de 27.8.

Direção do inquérito: Ver 263.º do CPP.

Direito à redução das coimas na circulação de mercadorias: Ver artigo 17.º, n.º 1, do RBC.

Direito à redução das coimas: Ver artigo 30.º do RGIT.

Direito de recurso no direito aduaneiro: Ver artigos 43.º a 45.º do CAU.

Direito de necessidade: Ver artigo 34.º do CP.

Direito subsidiário: Ver artigo 3.º do RGIT.

Direitos de exportação: Ver artigo 5.º n.º 21 do CAU.

Direitos de importação: Ver artigo 5.º n.º 20 do CAU.

Direitos pessoais: Ver artigo 26.º da CRP.

Dispensa da coima: Ver artigo 29.º do RGIT.

Dispensa da pena: Ver artigos 22.º e 44.º do RGIT, 74.º do CP e 280.º, 375.º e 521.º do CPP.

Dispensa de selagem: Ver artigo 302.º n.º 1 do RE-CAU.

Dispensa e atenuação da coima nas contraordenações: Ver artigos 32.º do RGIT e 18.º n.º 3 da LQCO.

Dispensa e atenuação especial da pena: Ver artigo 22.º do RGIT e 74.º do CP.

Dispensa e atenuação especial das coimas: Ver artigos 32.º do RGIT e 18.º, n.º 3, da LQCO.

Dissolução das pessoas coletivas: Ver artigos 16.º, alínea *h*). do RGIT e 141.º a 145.º (Regras gerais), 270.º (Sociedades por quotas), 372.º e 464.º (Sociedades anónimas), 473.º (Sociedades em comandita) do CSC.

E

Especialidade das normas tributárias e concurso de infrações: Ver artigo 10.º do RGIT.

Espécies ameaçadas de extinção: CITES, Instruções de Aplicação da regulamentação aplicável às espécies da fauna e da flora selvagens ameaçadas de extinção. Decreto do Governo n.º 50/80, de 23 de julho; DL n.º 211/2009, de 3 de setembro. Regulamenta a aplicação da Convenção de Washington em Portugal; Portaria 1225/2009 – 12/10. Designação das estâncias aduaneiras com competência para o desalfandegamento; DL n.º 121/2017 – 20/09. Assegura a execução da Convenção sobre o Comércio Internacional das Espécies de Fauna e Flora Selvagens Ameaçadas de Extinção, adaptando-a às alterações dos Regulamentos (CE) n.ºs 338/97 e 865/2006; Portaria n.º 48/2018, de 14/02. Identifica quais as estâncias aduaneiras sob jurisdição nacional em que são executadas as verificações e formalidades relativas à importação e exportação na União Europeia de espécimes de espécies incluídas nos anexos A, B, C ou D... Regulamento (UE) 2019/2117 da Comissão de 29 de novembro de 2019 que altera o Regulamento (CE) n.º 338/97 do Conselho relativo à proteção de espécies da fauna e da flora selvagens através do controlo do seu comércio. Ver Circulares n.ºs 38/2008, 77/2008, 56/2009, 103/2009, 104/2009, 105/2009, 74/2010, 87/2010 e 71/2011, da Série II da ex-DGAIEC e Ofícios circulados n.ºs 15012/2012, 15078/2012, 15110/2012, 15172/2013, 15190/2013 e 15325/2015.

Espécies de infrações tributárias: Ver artigo 2.º do RGIT.

Estado de necessidade desculpante: Ver artigo 35.º do CP.

Estância aduaneira: (Definição), ver artigos 1.º, n.ºs 13 a 17 do RD-CAU e 1.º n.º 2, 13 do RE-CAU. (Competência), ver ainda artigo 159.º do CAU.

Estância aduaneira de destino: Ver artigos 95.º, n.º 1, alínea *d)*, do RGIT e artigo 1.º n.º 14 do RD-CAU.

Estância aduaneira de partida: Ver artigo 1.º n.º 13 do RD-CAU.

Estatuto da Ordem dos Despachantes Oficiais: Ver Lei n.º 112/2015, de 27 de agosto.

Estatuto dos Tribunais Administrativos e Fiscais: Ver Lei n.º 13/2002, de 19 de fevereiro.

Execução da coima: Ver artigo 65.º do RGIT.

Explosivos: Ver artigo 275.º do CP.

Exportação: Ver artigos 271.º a 273.º do CAU, 248.º e 249.º do RD-CAU e 336.º a 340.º do RE-CAU.

Exportação de bens culturais: Ver Regulamento (CE) n.º 116/2009 do Conselho, de 18 de dezembro de 2008 e Circular 39/2011, da série II, da ex-DGAIEC.

F

G

H

I

Infração verificada no decurso da ação de inspeção: Ver artigo 58.º do RGIT.

Inquérito em Processo Penal Tributário: Ver artigos 40.º e segs. do RGIT.

Inquérito no Processo Penal comum: Ver artigos 262.º a 285.º do CPP.

Inspeção: Ver artigos 12.º (Fins), 13.º (Lugar), 14.º (Âmbito), 15.º (Alteração do âmbito, objeto e fins), 16.º (Competência material e territorial), 17.º (Extensão de competência), 19.º (Funções), 36.º (Início), 34.º (Local), 49.º (Notificação do início), 53.º (Suspensão), 60.º (Conclusão), 63.º (Falta de colaboração/utilização de instalações), 64.º (Efeitos), todos do RCPITA aprovado pelo DL n.º 413/98, de 31-12.

Instauração do processo de contraordenação tributária: Ver artigo 54.º do RGIT.

Instituições de segurança social: Ver artigos 16.º, alínea *d)*, 88.º e 107.º do RGIT e ainda Lei Orgânica do ISS e Portaria n.º 135/2012 de 8-5 que aprova os Estatutos do Instituto da Segurança Social, e DL n.º 167-C/2013 de 31.12 que aprova a Lei Orgânica do Ministério da Solidariedade, Emprego e Segurança Social.

Instituto da Segurança Social, I. P.: Ver DL n.º 83/2012, de 30-3, Portaria n.º 135/2012 de 8-5 que aprova os Estatutos do Instituto da Segurança Social.

Instrução dos processos de contraordenação tributária pela GNR: Ver artigo 67.º n.º 2 do RGIT.

Instrução: Ver artigos 29.º, n.º 3, 44.º, 55.º, n.º 1, 67.º, 69.º, 71.º, n.ºs 3 e 4, e 110.º, n.º 1, do RGIT, artigos 286.º a 310.º do CPP e ainda artigos 27.º da L. n.º 5/2015, de 15 de janeiro e 28.º do DL n.º 130/2015, de 9 de julho.

Instrumentos da infração: Ver artigos 16.º, alínea *i)*, (Penas acessórias aplicáveis aos crimes), 20.º (Perda de armas e outros instrumentos), 39.º (Outras formas de depósito), 73.º, n.º 3 (Indícios de crime) e 89.º, n.º 2 (Associação criminosa) do RGIT.

Interdição de atividades: Ver artigo 100.º do CP.

Interpelação ao infrator: Ver artigo 59.º n.º 3 al. n) da LGT.

Introdução de mercadorias no território aduaneiro: Ver artigos 127.º a 150.º do CAU, 104.º a 133.º do RD-CAU e 182.º a 215.º do RE-CAU.

Introdução em lugar vedado ao público: Ver artigo 191.º do CP.

Introdução fraudulenta no consumo: Ver artigo 96.º do RGIT.

Introdução irregular no consumo: Ver artigo 109.º do RGIT.

Introdução irregular: Ver artigos 79.º, 80.º (Constituição da dívida por incumprimento) do CAU.

Inutilização das mercadorias: Ver artigo 197.º do CAU.

Investigação dos crimes aduaneiros: Ver artigo 41.º n.º 1 al. a) do RGIT.

Local da apreensão: Ver artigo 39.°, n.° 2, do RGIT.
Local de constituição da dívida aduaneira: Ver artigo 87.° do CAU.
Local de produção: Ver artigo 11.°, alínea *e)*, do RGIT e 26.° do CIEC.
Local para as reuniões: Artigo 89.°, n.° 2, do RGIT.
Local sujeito à ação fiscal: Ver artigos 65.°, n.° 3, alínea *c)*, e 113.°, n.° 3, do RGIT e 52.°, 61.° e 72.° da RA.
Lugar da prática da infração tributária: Ver artigos 5.° do RGIT, 6.° da LQCO e 283.° do RE-CAU.
Lugar e momento da prática da infração tributária: Ver artigos 5.° do RGIT, 4.° e 6.° da LQCO e 4.° a 7.° do CP.

M

Mandato: Ver artigos 1157.° e segs do Código Civil.
Mandato de detenção: Ver artigos 258.° e 293.° do CPP.
Mandado de detenção europeu: Ver Lei n.° 65/2003, de 23-8 (alterada pela Lei n.° 35/2015, de 04/05).
Manutenção da ordem nos atos processuais: Ver artigo 85.° do CPP.
Marcação: Ver artigo 7.° n.° 4 e 27.° do CIEC.
Medida cautelares e de polícia: Ver artigos 248.° da 253.° do CPP.
Medida da pena: Ver artigo 71.° do CP e 13.° do RGIT.
Medidas de identificação alternativas à selagem: Ver artigo 302.° do RE-CAU
Meios de identificação: Ver artigo 192.° do CAU.
Meios de obtenção prova: Ver artigo 171.° segs do CPP.
Meios de prova: Ver artigos 72.° do RGIT, 72.° da LGT e 50.° do CPPT.
Meios de transporte em circulação: Ver artigo 11.°, al. f) do RGIT
Meios de transporte: Ver artigos 11.°, alínea *f)*, 16.°, alínea *i)*, 19.°, 38.°, n.° 1, 73.°, n.° 2, 95.°, 108.°, n.° 2, e 117.°, n.° 1, do RGIT.
Mercadorias de importação proibida: Artigos 83.° n.° 2 (Moeda falsa, substâncias psicotrópicas, subtração à fiscalização) e 79.°, n.° 1, alínea a) do CAU.
Mercadorias em circulação: Ver artigo 11.°, al. e) do RGIT
Mercadorias suscetíveis de infligir a pena de morte ou tortura: Ver Regulamento (CE) n.° 1236/2005, do Conselho, de 27 de junho.
Métodos de avaliação indireta: Ver artigos 54.°, 82.°, 83.°, 85.°, 86.°, 87.° e 90.° da LGT.
Métodos metrológicos e aparelhos de calibração: Ver artigos 83.° e 98.° do CIEC e DL 291/90 de 20/09, Portaria n.° 962/90 de 09/10 (regulamento geral do con-

N

O

P

Privação do direito a receber subsídios ou subvenções concedidas por entidades ou serviços públicos: Ver artigo 28.° n.° 1 al. b) do RGIT.

Privação temporária do direito de participar em feiras, mercados, leilões ou arrematações e concursos de obras públicas, de fornecimento de bens ou serviços e de concessão, promovidos por entidades ou serviços públicos: Ver artigo 28.° n.° 1 al. d) do RGIT.

Privilégios creditórios: Artigos 195.° (Constituição de hipoteca ou penhor) e 199.° (Garantias) do CPPT, 111.° (Privilégios creditórios) do CIRS, 108.° (Privilégios creditórios) do CIRC, e 735.°, 736.° e 744.° do CC.

Processo criminal tributário: Ver artigos 35.° a 50.° do RGIT.

Processo de aplicação das coimas: Ver artigos 67.° e segs. do RGIT e 33.° e segs da LQCO.

Processo de contraordenação tributária: Ver artigos 51.° e segs. do RGIT.

Processo de execução fiscal: Ver artigos 148.° a 278.° do CPPT. Ver especificamente, os artigos 148.°, n.° 1, alínea *b)* (Âmbito), 151.° (Competência dos tribunais tributários). Ver também artigos 86.° e 88.° (Certidão de dívida), do CPPT. Ver ainda art.° 113.° do CAU.

Processo penal tributário: Ver artigos 35.° e segs do RGIT.

Processos de ação cautelar: Ver artigos 135.° e segs. do CPPT.

Produção: Ver artigos 7.°, n.° 3, 9.°, n.° 1, alínea *c)*, 21.°, 25.°, 26.° e 82.° (De álcool e bebidas alcoólicas), 26.° e 78.° (De óleos minerais), 26.° e 107.° (De tabacos manufaturados), do CIEC.

Proibição de conduzir veículos motorizados: Ver artigo 69.° do CP.

Proibição do exercício de função: Ver artigo 66.° do CP.

Promoção do processo penal: Ver artigos 48.° a 52.° do CPP.

Prova: Artigos 69.° (Investigação e instrução), 73.°, n.os 2 e 3 (Apreensão de bens), 76.° (Aplicação de coima), 80.°, n.° 2 (Recurso das decisões de aplicação de coimas), 81.°, n.° 2 (Remessa do processo) e 100.°, n.° 4 (Recetação de mercadorias objeto de crime) do RGIT; 42.°, n.° 2, e 72.° da LQCO e 61.°, 117.°, 127.° (Apreciação), 178.° a 186.° 252.° e 253.° (Apreensões), 340.°-A (Audiência), 164.° a 170.° (Documental), 171.° a 173.°, 249.° e 253.° (Exames), 156.° e 126.° (Legalidade e métodos proibidos), 124.° (Objeto), 151.° a 163.°, 315.° e 316.° (Pericial), 146.° (Por acareação), 58.°, 126.° (Métodos proibidos) e 355.° (Proibição de valoração), 150.°, (Reconstituição do facto), 174.° a 177.°, 251.° e 253.° (Revistas e buscas), 128.° a 139.°, 315.° e 316.° (Testemunhal), todos do CPP.

Provas nulas: Ver artigo 32.°, n.° 8, da CRP.

Q

R

(Regime) todos da LQCO e ainda artigos 310.°, 391.°, 399.° e 400.° (Admissibilidade), 437.° a 466.° (Extraordinário), 437.° a 448.° (Fixação de jurisprudência), 399.° a 436.° (Ordinário), 449.° a 446.° (Revisão), do CPP.

Recusa de colaboração na investigação e instrução: Ver artigo 110.° do RGIT e 381.° do CP.

Recusa de entrega, exibição ou apresentação de documentos e mercadorias: Ver artigo 110.° do RGIT.

Recusa de identificação: Ver Lei n.° 5/95, de 21-2, no que respeita ao uso obrigatório do Bilhete de Identidade e artigo 250.° do CPP, e ainda a Lei n.° 7/2007, de 5-2, que cria o cartão de cidadão e rege a sua emissão e utilização.

Recusa do Ministério Público: Ver artigo 54.° do CPP.

Reembolso parcial de impostos sobre combustíveis para empresas de transportes de mercadorias: Ver artigo 93.°-A do CIEC e Portaria n.° 246-A/2016, de 8 de setembro, que estabelece as condições e os procedimentos do regime de reembolso parcial de impostos sobre combustíveis para empresas de transportes de mercadorias (alterada pela Portaria n.° 269/2018 de 2018-09-26).

***Reformatio in pejus*:** Ver artigos 79.° n.° 1 al. d) do RGIT e 72.°-A da LQCO.

Regime comunitário de franquias aduaneiras: Ver Regulamento (CE) n.° 1186/2009 do Conselho, de 16-11.

Regime da prova: Ver artigo 53.° do CP.

Regime Geral das Instituições de Crédito e Sociedades Financeiras: Ver DL n.° 298/92, de 31-12, em especial os seus artigos 78.° e 79.° em matéria de segredo e suas exceções.

Regimes aduaneiros: Ver artigos 158.°, n.° 1 e 201.° e segs. do CAU e 5.°, n.° 16 do CAU (Noção).

Regimes Contributivos do Sistema Previdencial de Segurança Social: Ver L n.° 110/2009, de 16-9, alterado pela L n.° 119/2009, de 31-12, e pela L n.° 55-A/2010, de 31-12, em vigor a partir de 1-1-2011.

Registo e autuação dos documentos: Ver artigo 68.° do RGIT.

Regras de conduta: Ver artigos 52.° do CP e 102.° do CP.

Regras gerais sobre notificações em processo penal: Ver artigos 268.°, 270.° e 273.° do CPP.

Regularização da Situação Tributária: Ver artigo 32.°-A do RGIT.

Reincidência: Ver artigo 75.° do CP.

Remessa dos autos ao Ministério Público: Ver artigo 62.° da LQCO.

Remoção de selos: Ver artigo 305.°, n.° 1, alínea *b)*, do RE-CAU.

Representação sem poderes: Ver artigos 268.° a 471.° do CC.

S

T

U

V

ÍNDICE